THE ART OF
SUCCESSFUL
PROMOTION

促销胜经

周龙 著

打破常规思维，从规划到落地
解锁促销的成功密码

中华工商联合出版社

图书在版编目（CIP）数据

促销胜经 / 周龙著 . — 北京：中华工商联合出版社，2024.6
ISBN 978-7-5158-3976-9

Ⅰ.①促… Ⅱ.①周… Ⅲ.①促销策略—研究 Ⅳ.①F713.3

中国国家版本馆 CIP 数据核字（2024）第 111456 号

促销胜经

作　　者：	周　龙
出 品 人：	刘　刚
责任编辑：	吴建新　关山美
装帧设计：	智　画·王桂花
责任审读：	付德华
责任印制：	迈致红
出版发行：	中华工商联合出版社有限责任公司
印　　刷：	北京毅峰迅捷印刷有限公司
版　　次：	2024 年 7 月第 1 版
印　　次：	2024 年 7 月第 1 次印刷
开　　本：	710mm×1000mm　1/16
字　　数：	220 千字
印　　张：	16
书　　号：	ISBN 978-7-5158-3976-9
定　　价：	68.00 元

服务热线：010-58301130-0（前台）
销售热线：010-58301132（发行部）
　　　　　010-58302977（网络部）
　　　　　010-58302837（馆配部）
　　　　　010-58302813（团购部）
地址邮编：北京市西城区西环广场 A 座
　　　　　19-20 层，100044
http://www.chgslcbs.cn
投稿热线：010-58302907（总编室）
投稿邮箱：1621239583@qq.com

工商联版图书
版权所有　侵权必究

凡本社图书出现印装质量问题，请与印务部联系。
联系电话：010-58302915

序言
PREFACE

在我的职业生涯中，一直在探索如何构建和维护一个成功的品牌，并由此萌生了撰写一本关于品牌建设书籍的想法，市场上品牌营销类书籍琳琅满目，我一直在寻找一个独特的切入点。最终，决定将我的第一本品牌营销作品聚焦于"促销"，这一选择基于以下观察和认知：

大众普遍对促销的理解存在误区

在品牌建设和企业管理实践中，我经常遇到人们询问如何打造品牌，起初会从品牌定位、形象塑造、产品创新和团队建设等方面进行解答。然而，随着经验的积累，逐渐意识到，许多企业的兴衰并非源于品牌塑造的失败，而是由于不恰当的促销策略。

在与众多企业家和经理人的交流中，我注意到一个令人担忧的现象：人们对促销的定义和作用存在误解，对促销的理解过于狭隘，对打折促销可能带来的风险视而不见。许多企业将促销理解并简化为单纯的价格战，有些公司甚至沉迷于频繁的打折促销，却未能意识到这可能对企业的长期发展构成威胁，导致市场上充斥着很多无序的打折促销行为。这种短视促销策略往往对企业可持续发展构成严重威胁，导致企业忽视了品牌长期价值的培养，甚至在追求短期利益的过程中损害了品牌形象，因此，后面再被问及给企业一个品牌建设的建议时，我会毫不犹豫地建议："不要随意打折，不要过度促销。"

企业需要强化内在实力

中国企业大多经历了改革开放以来的快速发展，但在面对经济波动时，我们对市场化运作和品牌管理的理解还不够成熟。在过去资金充裕、创业热情高涨的时期，企业追求的是快速增长。然而，随着经济放缓，浪潮退去以后，企业不能继续"裸泳"，企业需要追求的是稳健和强大。我们需要在品牌塑造和促销管理等方面提出更高的要求。

2011年，我曾与一位日本企业家讨论过将他的产品引入中国市场的计划，我向他展示了如何迅速提升销售额和占领市场的宏伟蓝图。然而，他拒绝了我的这个合作提议，理由是担心发展过快可能导致的其他风险。他宁愿稳健发展，也不愿意经历大起大落。当时的我心存疑惑，多年后，我才意识到，一个经历过经济周期波动的企业会有更为审慎的态度，企业在追求快速增长的同时，更应注重长期规划和风险管理。国内许多企业至今仍然依赖大力度促销快速扩张。因为许多企业在过去十几年中通过大规模促销迅速崛起。但同时我们也观察到很多企业在快速衰落。通过我多年的观察与实践，其中导致衰落的重要原因之一，就是对促销工具的理解和运用存在严重不足。因此，我们需要深入探讨促销策略的正确运用，以及企业如何在经济波动中保持稳健发展。这不仅能够帮助企业避免短期行为带来的长期损害，还能够引导企业在竞争激烈的市场中找到可持续发展的道路。

品牌的核心在于生产优质产品与内容价值创造

在市场经济日益成熟的今天，我们需要重新定义"稀缺"。在产生过剩的情况下，"稀缺"本质上是一种信息不对称，也是消费者洞察力的不足。但大部分品牌的处理方法是，过度追求销售量，通过大幅度打折降价促销来刺激销量，企业为了迎合低价市场，保证利润又不得不削减成本，最终导致市场上充斥着大量质量堪忧的产品，让过剩变得更过剩。这种做法不仅损害了企业的利润空间和长期发展能力，也让消费者难以获得真正满意的产品，进一步加剧了社会资源的浪费。

而通过消费者深度洞察，创造"稀缺"的经典促销案例，"钻石恒久远，一颗永流传"将原本产能很大的钻石变成稀缺产品，控制发售，让钻石与爱情画上等号，为消费者提供更多沟通内容，引导销售，创造商业奇迹。

我的个人思考

什么让我感觉到愉悦？在忙忙碌碌中，我会不时地问自己。自己对品牌营销充满热情，我喜欢阅读，也热衷于分享。我渴望在商业世界中传播正确的营销理念，引导企业走出过度依赖促销的误区，专注于创造高品质的产品和服务。我希望通过自己的努力，能够激发企业内在的创新力和竞争力，同时为消费者提供真正有价值的选择。我会对企业制造劣质产品感到愤怒，我常常设想，如果我的努力能够使企业避免无序的打折促销和品质下降，减少行业内的恶性竞争，保持利润和长期竞争力，同时让消费者免受低价诱惑，减少资源浪费，以实现我的人生使命：通过品牌的力量，让每个人都能享受到更好的生活品质。

正是基于这些思考，我决定撰写这本书，旨在深入探讨如何正确理解和合理运用促销策略，以促进企业的健康发展。希望以我的真诚和专业，陪伴和支持更多企业和个人实现成功，共同创造一个更加繁荣和可持续的商业环境。

目录
CONTENTS

第一部分
正确理解促销的定义

第 1 章　正确理解促销 / 3
促销的定义 / 6
促销三要素 / 8

第 2 章　为什么打折促销会成为主流 / 11
打折促销"增强回路" / 12
价格战通常源于战略定力缺失 / 14

第 3 章　打折促销的潜在危害 / 17
温水煮青蛙和饮鸩止渴模型 / 18
打折促销模式下的饮鸩止渴 / 23
三个案例看打折带来的危害 / 28

第 4 章　促销的主流形式 / 37
常规形式与突破常规 / 37
鸿星尔克案例带来的思考 / 41

第 5 章　让利促销的力度设定 / 45
不做促销的盲目追随者 / 45
促销力度的指导原则 / 48

第 6 章　如何更好地安排促销活动 / 51
改变习以为常的工作安排 / 51
营销策划的前置性 / 54
整合营销案例的推演 / 56

第 7 章　全场五折与买一送一 / 60
全场五折和买一送一的区别 / 60
关键在于执行者的策略和洞察力 / 62

第 8 章　促销活动的操作性 / 68
好的促销活动要易理解、易操作 / 68
纠正认知偏差 / 69

第 9 章　免费促销方法论 / 73
四个免费促销的案例 / 73
案例带来的思考 / 77
免费促销经典手法 / 82

第 10 章　让促销升华的思维 / 85
以品牌升级思维去做促销 / 85
强化品牌的内容营销 / 88

第二部分
善用营销理论实施促销

第 11 章　促销中的系统思维与创新策略 / 93

理解系统思维与创新策略 / 93
　　"5W2H 分析法"的实际应用 / 94

第 12 章　促销中的 USP 理论运用 / 101
　　USP 实际应用及案例分享 / 102
　　USP 六步工作法 / 108

第 13 章　促销沟通品牌形象塑造之注意力法则 / 110
　　"注意力经济"的起源和特点 / 111
　　"注意力经济"案例分享 / 112
　　"注意力经济"实操五要点 / 118

第 14 章　促销沟通之 IP 整合营销 / 120
　　理解 IP 整合营销 / 120
　　IP 整合营销案例分享 / 122
　　IP 识别模型 / 130

第 15 章　促销策划人员需具备财务思维 / 134
　　公司上下形成统一认知：促销费用来自公司销售增长额 / 136
　　建立促销活动策划成本结构及预算模型 / 138
　　合理设定活动效果预估及评价系统 / 140

第三部分
移动互联网时代促销的改变

第 16 章　移动互联网时代市场营销环境的变化分析 / 145
　　社会 / 经济环境趋势变化 / 146
　　文化环境趋势变化 / 149

第 17 章　移动互联网时代促销方式的转变 / 157

数字化 / 158

线上线下融合（O2O 模式）/ 160

元宇宙 / 162

虚拟偶像 / 168

AI 生成内容（AIGC）/ 175

第 18 章 新市场环境下的促销策略建议 / 183

SWOT 分析法在促销策划中的运用 / 185

SWOT 分析法的几个要点 / 188

附录

附 录 1 内容电商的促销建议 / 197

案例一：羽绒服行业高梵品牌 / 199

案例二：美国老牌保温杯史丹利 / 202

附 录 2 私域运营及促销建议 / 205

附 录 3 全域经营模式下的促销路径 / 214

附 录 4 B2B 企业品牌化管理及促销规划的建议 / 220

品牌化管理 / 222

促销规划 / 229

后记 / 237

参考文献 / 239

THE ART OF
SUCCESSFUL
PROMOTION

第一部分
正确理解促销的定义

第 1 章
正确理解促销

促销，这个词汇虽然在商业领域很常见，但其内涵和外延却常常被不同的人以不同的方式解读。在销售人员和品牌营销人员之间，对于促销的理解往往存在显著差异。

在销售人员的视角中，促销往往被简化为直接的价格折扣或赠品赠送。他们可能将促销视为一种短期的销售刺激手段，其认为通过大幅度的折扣可以迅速提升销量，甚至将其视为一种"重型武器"，认为应该频繁使用以保持业绩。这种观点可能导致企业过度依赖价格战，忽视了促销策略对品牌长期价值的影响。而在品牌营销人员看来，促销则更多的与品牌推广和形象塑造联系在一起。他们认为，促销活动应该服务于品牌的整体战略，旨在增强品牌认知度和忠诚度，而不仅仅是为了短期的销售业绩。在这种理念指导下，促销活动的设计和执行需要考虑品牌的核心价值和市场定位，确保促销活动与品牌形象保持一致。对于他们来说，虽然投入产出比（ROI）是一个考量因素，但与之相比，品牌沟通和品牌调性的塑造更为重要，甚至很多品牌营销人员认为销售业绩并不应该与品牌活动直接挂钩。

这种认知差异反映了促销策略在实际应用中的复杂性。为了实现促销活动的最优效果，企业需要在销售人员的直接销售目标和品牌营销人员的长期品牌战略之间找到平衡。这意味着促销不应仅仅被视为一种销售手段，而应被视为品牌战略的一部分，通过精心设计和执行，既能够激发消费者的购买欲望，又能够维护和提升品牌形象。

那到底什么是促销？在解释"促销"这一词汇定义之前，我们先来看看促销概念的来源，促销概念来源于4P营销理论，即产品（Product）、价格（Price）、渠道（Place）、促销（Promotion），由杰瑞·麦卡锡（Jerry McCarthy）教授在其《营销学》（Marketing，第一版，出版于1960年前后）中最早提出。美国市场营销协会对其的解释为，营销的最终目的是促销。促销包括所有的广告和公共关系，这些都构成了你的产品促销策略。推广你的产品的目的是向消费者展示他们为什么需要它，它将为他们解决什么问题，以及他们为什么应该为它付出辛苦赚来的钱。到达你的目标市场的最佳方式是什么？它可能是一个社交媒体平台、一个公关活动，或者一个SEO策略。

结合搜索结果以及对促销的认知，笔者认为前面提到的销售人员和品牌营销人员的理解都存在认知偏差：促销＝打折或赠送礼品，品牌活动不用考虑销售业绩，投入产出回报不应作为重要考量指标，而要解决以上两个错误认知，我们就要对促销有清晰的认知。

在营销实践中，促销有狭义和广义之分。狭义促销通常指的是除了广告、人员推销和公关宣传之外，通过各种手段和策略来刺激消费者购买或经销商交易的活动，如消费者促销、通路促销、业务人员促销（激励）等，这些活动主要关注短期销量的提升和市场份额的增加，其目的是通过各种手段和策略来提高销售额和市场份额，它包括广告、优惠券、折扣、礼品等。

广义促销则被视为一个系统工程，即"促销组合"，是指为达到消费者购买行为的目的而综合运用的各种营销工具、营销方法，它包括所有与消费者沟通的活动，如人员推销、广告、公关宣传以及消费者活动等。广义促销更注重品牌的长期建设和市场规划，涉及品牌营销、内容营销、社交媒体营销等多个方面。狭义促销相对广义促销而言，更像是"促销组合"这个系统中的一个独立环节。

总的来说，狭义促销和广义促销都是营销策略中的手段，只是它们在具体应用和效果评估上存在一定的差异。狭义促销和广义促销主要在以下三个方面存在区别（如图 1-1 所示）。

区别	目标定位	活动范围	效果评估
狭义的促销	短期策略 销售提升	价格为主 如打折、买赠	销售指标 如销售额、市场份额
广义的促销	长期策略 品牌建设＋销售促进	价值为主，价格为辅 如品牌故事、社交媒体互动	品牌指标＋销售指标 如品牌认知度、 客户满意度、市场份额

图 1-1　狭义促销与广义促销的区别

（1）目标定位。狭义促销侧重于短期销售目标，通常包括具体的促销内容，如优惠券、打折、买一送一等。而广义促销则更关注长期品牌建设和市场规划发展，包括品牌故事、内容创作和社交媒体互动等。

（2）活动范围。狭义促销主要目标是刺激消费者的购买行为，通常包括具体的促销活动，如优惠券、打折、买一送一、抽奖、礼品卡等，而广义促销涵盖了更为广泛的营销工具和方法，如社交媒体、公关、媒体广告、终端广告、事件营销、人员推销和销售促进等，并且广义促销目标更加多样化，除了刺激消费者购买，还可以是告知、说服和提醒消费者，以及满足消费者在购买前获得有关信息的需求（如品牌价值文化、品牌形象等）。

（3）效果评估。狭义促销的效果通常可以通过销售数据，如销售额、市场份额等指标来直接衡量，而广义促销的效果评估则更加复杂，可能需要考虑品牌知名度、客户满意度、消费者忠诚度、市场占有率等多维度指标来评估。

通过以上对比分析，我们可以清晰地认识到，狭义促销概念，即通常理解的价格折扣、赠品等直接销售刺激手段，是目前大多数企业所普遍采用和理解的促销方式。然而，在本书中，我们将深入探讨的促销概念更为广泛，它涵盖了更全面的营销策略和活动，这在营销学中被称为广义促销（以下统一简称为"促销"）。这种广义促销不仅包括传统的销售激励措施，还涉及品牌建设、市场定位、消费者沟通等多个层面，旨在通过综合运用各种营销工具和方法，实现品牌价值的提升和市场份额的增长。

促销的定义

"促销就是营销者向消费者传递有关本企业及产品的各种信息，说服或吸引消费者购买其产品，以达到扩大销售量的目的的一种活动。促销实质上是一种沟通活动，即营销者（信息提供者或发送者）发出作为刺激消费的各种信息，把信息传递到一个或更多的目标对象（即信息接收者，如听众、观众、读者、消费者或用户等），以影响其态度和行为。常用的促销手段有广告、人员推销、网络营销、营业推广和公共关系。"

以上定义来自百度百科对于促销的解释，我们可以定义为官方科学解释，而其中至关重要的一句话：

> **促销实质上是一种沟通活动。**

这句话很关键，也是全书的核心，它触及了促销活动的核心理念，即沟通是促销活动的灵魂，是促销的内核，是促销的本质。真正的促销不仅仅是价格上的让利，而是通过有效的沟通建立与消费者之间的联系，传递品牌价值和产品的独特性。在商业实践中，促销往往被简化为直接的价格战，如"打折促销""买一赠一"或"满减活动"，这些手段在特定时期如季末、节日等确实能吸引顾客，但它们忽视了沟通的深远意义。

在当前激烈的市场竞争环境中，商家应该更加注重与顾客的沟通，讲述产品背后的故事，比如你要推销苹果，可以跟消费者讲述苹果的产地、品质保证，或是与文化相关的特殊意义。这样的沟通能够激发消费者的好奇心和购买欲望，从而在消费者心中留下深刻的印象，促进长期的销售和品牌忠诚度。然而，现实中许多商家在促销时过于依赖价格优势，如"半价销售"，这种策略虽然短期内能吸引顾客，但从长期来看，它可能会损害品牌形象，使消费者只关注价格而非产品本身。这种单一的沟通方式忽视了品牌故事和情感价值的传递，不利于建立稳固的客户关系。

因此，促销的关键不在于单纯的价格竞争，而在于通过沟通传递品牌价值、产品特色和情感联系。商家应该努力创造和消费者之间的美好记忆，如分享获奖经历、推出创新产品、展示个人或团队的努力，以及获得高端客户群体的认可等。这样的沟通内容不仅能够提升品牌形象，还能够在消费者心中留下持久的正面印象，为商家带来长远的利益。真正的促销艺术在于，通过精心设计的沟通策略，不仅能够激发消费者的购买欲望，还能够在消费者心中留下持久的正面印象，为品牌带来长远的市场优势。

深刻领悟"促销实质上是一种沟通活动"这一理念，是把握促销精髓的关键。也就是说，促销不仅仅是价格策略的运用，更是品牌与消费者之间建立联系、传递价值和情感的桥梁。通过有效的沟通，促销活动能够超越简单的交易，成为塑造品牌形象、深化消费者认知和忠诚度的重要手段。

明确了"促销实质上是一种沟通活动"，那促销的关键是什么呢？

> **促销的关键是引发关注。**

在商业领域，消费者的关注无疑是最宝贵的资产。要想在激烈的市场竞争中脱颖而出，吸引消费者的注意力是至关重要的前提。正如古代商家通过举办各种庆典活动来吸引顾客，现代商业同样需要通过创新和引人注目的促销策略来吸引消费者的眼球。在当今这个信息爆炸的时代，能否成功吸引消费者的关注，即所谓的"流量"，直接关系促销活动的成败。

因此，促销沟通的核心在于创造能够引起广泛关注的内容。例如，商家邀请知名人士代言，不仅能够为品牌提供信誉背书，更重要的是通过他们的高人气来吸引公众的关注。这也是为什么许多新兴品牌不惜重金聘请流量明星代言，因为他们的高曝光率和粉丝基础能够迅速提升品牌的知名度和市场影响力。简而言之，促销的真谛在于通过精心策划的沟通策略，有效吸引并维持消费者的关注，从而推动销售和品牌成长。

明确了"促销实质上是一种沟通活动"，了解了"促销的关键是引起关注"，那促销的结果又是什么？

> 促销的结果是促进销售。

正确的促销策略旨在实现企业销售额的持续增长，而非仅依赖短期的价格战。正如本书所强调的，虽然打折促销能够迅速提升短期销量，但长期而言可能带来风险。一个出色的市场总监应设计出能够同时促进销售额增长、提高毛利和增加利润的营销计划。若促销活动未能实现这些目标，那么其有效性便值得怀疑。

在面对库存积压或产品错误时，企业不应仅仅依赖打折促销来快速清理库存和回收资金。相反，应积极寻求更具创造性和策略性的沟通方式，以吸引消费者关注并激发购买意愿。这样的促销方法不仅能够实现短期销售目标，还能避免对品牌形象和长期盈利能力的损害。简而言之，真正的促销艺术在于通过智慧和策略，而非简单的价格让利，来实现销售额的持续增长和品牌价值的提升。

促销三要素

为了深入理解促销的本质，我们借助具体的案例来探讨促销的三个关键要素：

- 促销的本质是沟通
- 促销的关键是引发关注
- 促销的结果是促进销售

"温州皮革厂"促销方案：

（1）"温州皮革厂"直销，全场货品打五折。

（2）"温州皮革厂"破产了，全场货品打五折。

（3）"温州皮革厂"破产了，老板跟小姨子跑了，全场货品打五折。

让我们来分析一下"温州皮革厂"以上三个促销方案，哪个更能吸引大众的关注？为什么？

"温州皮革厂"的三个促销方案展示了促销策略的不同层面和效果。第一个方案仅提供了一个简单的折扣信息，可能引起消费者的初步关注，但缺乏深度和紧迫感。第二个方案通过强调破产这一紧迫情况，增加了购买的紧迫性，从而可能激发消费者更强烈的购买欲望。而第三个方案则进一步增加了戏剧性元素，通过老板与小姨子的故事，创造了一个具有传播价值的话题，不仅吸引了消费者的注意力，还可能通过口碑效应进一步扩大促销活动的影响力。

这三个方案的比较揭示了促销不仅仅是价格上的让利，更在于如何通过创意和故事讲述来吸引和保持消费者的关注。一个成功的促销活动应该能够激发消费者的好奇心，创造话题，并通过情感共鸣或社会传播来促进销售。这样的策略不仅能够短期内提升销量，还能够在消费者心中留下深刻印象，为品牌提供长期价值。

另一个案例是"乔布斯苹果手机新品发布会"，看其是不是一个促销行为？

乔布斯在新品手机发布时所举办的发布会，其目的远不止简单的产品展示。他通过精心策划的发布会，不仅传递了产品的物理特性和技术创新，更深层次地传达了苹果的品牌理念和对未来科技的愿景。其发布会不仅仅是产品介绍，更是一场情感和价值观的传递，旨在激发消费者的期待与忠诚，甚至引发一种文化现象。

乔布斯的发布会策略，通过强大的叙事能力和对细节的极致追求，成功地将产品发布变成一种文化事件，吸引了全球媒体和公众的广泛关注。他巧妙地利用了公关和媒体资源，确保了发布会的影响力得以最大化，从而为新产品的热销打下了坚实的基础。这种策略不仅为苹果带来了巨大的市场成功，也为整个科技行业树立了新的标杆，许多后来的3C产品和汽车行业的发布会都在某种程度上模仿了苹果的模式，试图复制其成功。

促销，作为这一营销活动的核心，在于营销者通过各种渠道向消费者传递关于企业及其产品的信息，旨在激发消费者的购买欲望，从而实现销售目标。这一过程实质上是一种沟通艺术，营销者作为信息的发起者，通过精心设计的信息传递策略，影响目标受众的态度和行为。促销手段多样，包括广告、人员推销、网络营销、营业推广和公共关系等，每一种手段都旨在构建与消费者之间的桥梁，以促进销售。

乔布斯的新品发布会，以及其他品牌的时装秀，都是促销活动的典范。它们通过提前展示和传播新一季的产品理念，不仅吸引了消费者的眼球，也为加盟商和市场创造了期待。这些活动不仅仅是产品展示，更是一场精心策划的沟通盛宴，它们展示了促销的高级形态，即通过情感和故事讲述来打动人心、引发共鸣。

通过这些案例，使我们对促销的定义有了更深层次的理解。促销不仅仅是简单的销售推动，它是一种策略，一种艺术，一种能够触动人心、塑造品牌形象并引领市场趋势的力量。随着我们对促销本质的不断探索，我们会发现，促销活动的成功与否，往往取决于我们是否能够精准地把握消费者的需求，以及是否能够创造出真正有价值的沟通体验。这是一个持续学习和实践的过程，而每一次的尝试和反思，都将让我们更接近促销的真谛。

第 2 章
为什么打折促销会成为主流

近年来,打折促销已经成为零售行业的常态,特别是在电商平台和实体店铺,打折促销活动层出不穷。例如,"双十一"购物节、"618"年中大促等,都是以打折促销为主要手段的购物狂欢。此外,折扣零售业态如奥特莱斯、唯品会等也迎来了快速增长,吸引了大量消费者。

打折促销成为当前商业实践中的主流策略,并且被许多公司作为常态促销手段,主要原因可以归纳为以下几点:

第一,吸引价格敏感型消费者。打折是吸引价格敏感型消费者的一种有效方式。许多人在购物时关注价格,因为折扣可以激发他们的购买兴趣,吸引更多的消费者。这对于各种市场细分和消费层次的产品都适用。

第二,促进销售。打折促销可以刺激消费者的购买欲望,促使他们在短时间内做出购买决策,这对于企业清理库存,提高销售量,增加收入非常有帮助。

第三,竞争压力。市场竞争日益激烈,企业需要吸引客户并留住他们。为了在竞争激烈的市场中脱颖而出,许多企业选择通过打折来吸引顾客,争夺市场份额。

第四,促销周期。折扣通常与节假日、特殊事件和购物季节相关联,如国庆、元旦、春节、"双十一"等。这些节日和活动通常是购物高峰期,打折可以吸引更多消费者参与购物,提高销售额。

第五，清理库存。企业需要定期清理过期、滞销或过多的库存。打折是快速出售这些产品的方式，避免库存积压和损失。

第六，缺乏创新。一些企业可能缺乏有效的营销创新，打折促销成为一种"简单易行"的策略，而忽视了长期品牌建设和客户关系维护的重要性。

第七，错误的认知。部分企业可能错误地认为打折促销是提升销售的唯一途径，而没有意识到品牌价值和客户忠诚度的重要性。

尽管打折促销作为一种普遍的营销策略，能够迅速提升销售额，但企业在使用时应保持谨慎，以免损害产品的市场价值和品牌声誉。长期依赖打折促销可能会导致企业利润率下降，影响业务长期的发展。在现实环境中，一些企业因为过度依赖打折促销，最终走向衰败。这种现象在初期可能表现为销售额的激增，但随着时间的推移，企业可能陷入一种不打折就无法销售的困境，同时，打折促销也可能模糊品牌定位，受打折促销吸引的消费者可能无法在正常价格下持续消费。

在日常营销实践中，笔者始终反对仅依赖打折来实现促销目标。这也是撰写这本关于促销策略书籍的初衷之一，因为单纯依赖打折的危害远比我们想象得要大。然而，许多企业仍然热衷于打折促销，以快速达成销售业绩。

究其底层原因，是因为——人们习惯用快速简单的方法。

打折促销"增强回路"

《系统思考》《系统之美》等讲述系统思维的书籍中，强调了人们倾向于寻求简单直接的解决方案来应对问题，而往往忽视了更深层次、更复杂的根本性问题。这种倾向在股票投资中体现得尤为明显，许多散户追求快速盈利，希望得到直接的投资建议，而不愿意深入研究市场和公司基本面。

在《系统思维》中，提到"增强回路系统"，是指在一个循环的系统中，回路会被不断加强，而增强回路系统会像脱缰的野马，让你停不下来，向更好或者更坏的方向不断发展。就好像两个人相互打耳光的游戏，随着时间的推移，力度逐渐加大，最终可能导致不可预测的后果。这种增强回路在日常生活中随处可见，而打折促销正是这样一个典型的增强回路。

打折促销作为一种直接且易于实施的营销手段，往往容易形成一种增强回路，导致企业陷入一个难以自拔的循环。在这种循环中，决策者为了追求短期的销售业绩，会不断加大折扣力度，从最初的小幅度折扣逐渐升级到大幅度的降价。这种策略可能会因为"别人都在打折，我不打折就没有生意"或"顾客习惯了折扣"的观念而被持续执行，最终可能导致利润空间被压缩，品牌价值受损。

设想一个场景，一个通常不打折的品牌突然推出全场七折的促销活动，这可能会带来业绩的显著提升。这种短期的成功可能会让团队备感兴奋，并促使他们再次采取同样的策略。然而，随着时间的推移，消费者对折扣的敏感度降低，为了维持销售，企业可能不得不进一步降低折扣，甚至达到五折。这种策略虽然短期内能够刺激销售，但从长期来看，会逐渐削弱品牌力和产品力，导致业绩提升的效果递减。

在这种增强回路中，管理者和营销人员可能会陷入一种惯性思维，认为只有通过不断加大折扣力度才能维持业绩。如果没有外部的干预或新的策略引入，这种循环很难被打破。从企业经营的角度来看，虽然打折促销可能会带来短期的业绩增长，但长期来看，利润率的下降、库存的增加以及产品质量的下降，都可能损害企业的市场竞争力。一旦市场地位受损，想要恢复将变得异常困难。

人们倾向于使用打折促销的策略，这不仅仅是因为他们对打折可能带来的长期危害缺乏认识或不愿意面对，而更深层次的原因是人们天生倾向于寻求简单直接的解决方案。在商业实践中，要求产品开发团队创造出行业领先的产品，或者品牌部门制定超前的营销策略，以及实施跨部门的整合营销活动，这些都是复杂且耗时的任务。相比之下，打折促销则显得简单直接，能够迅速产生效果，这种即时的满足感让人们更愿意采用这种方式。

市场上常见的季末清仓、节日促销、电商平台的"双十一"大促，以及直播带货中的低价策略，都是这种简单直接促销手段的体现。这些活动往往能够迅速吸引消费者的注意力，带来短期的销售额激增，让人们沉浸在这种快速成功的快感中。此外，从众心理也在一定程度上推动了这种趋势，当周围的竞争对手都在进行打折促销时，企业往往会感到压力巨大，认为如果不跟进就会失去市场份额。

然而这种短期的业绩提升往往以牺牲长期利益为代价。过度依赖打折促销可能导致品牌价值的稀释、利润率的下降，以及市场竞争力的减弱。企业应该认识到，真正的竞争力来源于产品创新、品牌建设和有效的市场策略，而非仅仅是价格战。因此，企业在制订促销计划时，应更加注重长期战略，避免陷入简单直接但可能损害长期利益的打折促销循环。

价格战通常源于战略定力缺失

在深入分析企业为何频繁陷入价格战时，我们发现，根本原因在于企业战略定力的缺失和营销能力的不足。面对激烈的市场竞争，许多企业选择通过简单易行的打折促销手段来迅速提升销量，而非投入更多精力于品牌建设、产品研发和渠道管理等更为复杂但长远的营销策略。这种现象在20世纪90年代的中国彩电行业、过去十年的电商服饰品牌，以及当前的抖音低价品牌中均有体现。这些企业往往通过价格战迅速崛起，但由于缺乏持续的品牌和产品创新，最终难以避免快速衰落的命运。

每一个营销从业者都应该意识到，真正的营销力量来自创新和差异化，而非简单的价格竞争。我们应该努力寻找和实施更具挑战性的促销策略，以替代那些短期内看似有效但长期有害的打折促销。此外，笔者始终不提倡过度的打折促销、价格战或超低价倾销，这不仅是因为它们对企业自身有害，更因为它们与可持续发展的理念背道而驰。在当前资源有限、环境压力日益增大的背景下，我们应该鼓励消费者购买高质量、耐用的产品，减少浪费，这不仅对个人有益，也是对社会和地球环境负责。因此，营销策略应当更加注重长期价值的创造，而非短期利益的追求。

通过以上分析，打折促销之所以成为常态，主要可以归结为三个原因：

首先，操作简便与短期效果显著。打折促销因其简单易懂、易于实施的特性，以及能够迅速带来销售业绩提升的直观效果，使许多企业倾向于采用这一策略，一方面，降价能够立即吸引消费者的注意力，促使他们购买；另一方面，大幅度的折扣能够吸引更广泛的消费者群体，包括那些原本可能不会考虑该品牌的人群。这种策略在短期内确实能够带来销售额的增长。然而，长期依赖打折促销可能会损害品牌原有的目标市场，导致核心顾客的流失，从而影响品牌的定位和长期价值。

其次，营销团队的专业素养不足。在笔者的职业生涯中，观察到许多企业的品牌和营销部门由来自人力资源、生产、行政等部门的非营销背景的人员负责。这种现象反映出一些企业管理层对市场营销专业性的忽视。在30年前，中国市场尚处于品牌意识的萌芽阶段，这种安排或许尚可接受，但在当今这个强调专业化和品牌建设的时代，这种做法显得不合时宜。此外，也存在一些从业人员缺乏进取心，不愿意提升自己的专业技能的情况。然而，首要任务是改变对营销专业性的认知，认识到营销是一个需要专业知识和技能的领域。只有当企业真正重视并投资于营销团队的专业发展，才能在竞争激烈的市场中保持竞争力。

最后，对持续大力度打折潜在危害的忽视。企业往往被短期业绩提升蒙蔽，忽视了持续大力度打折可能带来的长期负面影响。从公司管理层到执行层，在追求短期销售额增长的过程中，团队可能会对打折促销的长期后果视而不见，导致策略的持续执行，直至问题变得难以控制。正如古语所云，"千里之堤毁于蚁穴"，如果不对打折促销的潜在风险进行预防和管理，企业可能会逐渐失去市场竞争力，最终导致无法挽回的损失。

在了解这些原因后，企业应采取措施避免过度依赖打折促销。首先，需要审视团队的促销策划能力，确保团队不仅仅依赖打折作为唯一的促销手段。其次，企业应重视营销的专业性，提升团队的专业素养，确保营销策略的科学性和前瞻性。最后，企业应建立风险预警机制，对促销活动的影响进行全面分析，确保在追求销售额的同时，也能够维护品牌价值和市场地位，同时，对打折促销的长期影响进行评估，及时调整策略，以维护品牌形象和市场竞争力。

在后面的章节中，我们将深入探讨打折促销的潜在危害，以及如何通过多元化的营销策略来增强企业的长期竞争力。

第 3 章
打折促销的潜在危害

打折促销作为一种短期的销售激励手段，确实能够在较短的时间内刺激消费者的购买欲望，从而迅速提升企业的销售额，然而，这种做法并非长久之计，其背后隐藏着一系列潜在的风险和长期负面影响，这些影响可能会阻碍企业的健康发展，对企业的核心竞争力造成根本性的损害，这种潜在的风险和长期负面影响，并非夸大其辞，而是在商业实践中屡见不鲜的教训。总的来说，打折促销可能带来的危害和负面影响包括以下七个方面：

第一，降低产品价值。频繁的折扣促销可能会让消费者感到产品的实际价值较低。他们可能会认为产品原价过高，只愿意在打折时购买，这可能导致企业难以保持正常的定价策略。

第二，减少毛利润。折扣通常会降低产品的销售价格，从而减少每笔销售的毛利润。如果折扣幅度过大或频繁，企业可能无法获得足够的利润以维持业务或支持创新和质量控制。

第三，延迟购买决策。一些消费者可能会等到产品打折时才购买，而不愿意购买未打折的产品。这可能导致销售不稳定，尤其是在非促销期间。

第四，损害品牌声誉。频繁的折扣促销可能会损害品牌声誉，让消费者觉得产品质量不稳定或不值得信赖。长期以来，这可能会影响品牌的可持续性和忠诚度。

第五，恶性竞争。竞争对手可能会为了争夺市场份额而采取过度的折扣策略，导致价格战。这种情况下，企业可能不得不继续提供更多的折扣，从而陷入恶性竞争的循环。

第六，损害产品质量。为了降低成本以应对折扣价格，企业可能降低产品质量或使用低成本原材料，从而影响产品的质量和耐久性。

第七，持续依赖促销。如果企业长期依赖折扣来吸引客户，那么一旦停止促销，客户可能不再购买，因为他们已习惯了折扣价格。这可能导致销售额下降和客户流失。

尽管打折促销存在诸多潜在风险，管理层和操盘者却往往未能有效制止或改进这一策略，原因在于打折促销已经形成了一种增强回路的循环逻辑。在这种循环中，短期的销售额增长和业绩提升掩盖了长期的风险，使得企业决策者容易陷入一种惯性思维，即认为打折是提升销售额的快速且有效的方法。这种思维模式导致企业在面对销售压力时，倾向于重复使用打折促销，而不是寻求更根本的解决方案。

增强回路的循环使得打折促销成为一种自我强化的行为，企业在每次促销后看到销售数字的提高，从而进一步强化了继续打折的决心。这种循环忽视了打折对品牌价值、利润率和市场竞争力的长期损害。为了打破这一循环，企业需要从根本上改变对促销策略的认识，重视品牌建设、产品创新和客户关系管理，以及培养团队的专业能力，从而实现可持续的业务增长。

温水煮青蛙和饮鸩止渴模型

《系统思考》一书中曾提出一个概念名为"目标侵蚀"（Eroding goals），它描述了一个系统或组织在面对目标与现实之间的差距时，逐渐降低目标以减少压力的行为模式。这种现象通常发生在个体或组织在设定了某个目标后，由于各种原因（如资源限制、外部环境变化、内部动力不足等）未能按计划实现目标，从而开始调整目标，使其变得更容易达成。随着时间的推移，这种调整可能导致目标被不断降低，最终可能回到甚至低于最初设定目标的水平。通俗一点说，就是个体或组织可能会因为遵循最小努力原则，选择更容易实现的路径，即降低目标，而不是努力去改变现状。这种行为虽然短期内可以减轻压力，但长期来看，可能会导致目标的持续下降，甚至可能损害个体或组织的长期发展和成功。

这种现象类似于"温水煮青蛙"的寓言。在寓言中，青蛙在逐渐加热的水中感到舒适，不愿意采取行动逃离，直到水温变得致命。青蛙可能会想："这里只是稍微热了一点，还能忍受，没什么大不了的。"这种逐渐的适应和不作为，最终可能导致灾难性后果。

"目标侵蚀"是一个逐渐演变的过程，在商业环境中，目标侵蚀可能导致品牌逐渐失去竞争力。企业可能会在面对市场挑战时，逐渐降低自己的标准和期望，从而在不知不觉中放弃了对卓越品质和创新的追求。这种缓慢的侵蚀过程，如果不被及时识别和纠正，可能会在不知不觉中损害品牌的核心价值，最终导致品牌的衰败。这一点在企业促销策略中表现得尤为明显。当企业通过打折促销实现了超出预期的业绩增长时，这可能会误导内部人员，让他们认为企业在没有采取复杂策略的情况下也能取得成功。员工可能会因为业绩的提升而感到满足，认为企业正在健康发展，而忽视了打折促销可能会带来的长期风险。

随着时间的推移，为了维持或提升业绩，企业可能会加大打折力度。虽然这可能会带来短期的业绩增长和规模扩张，但同时也可能导致利润率下降。员工可能会逐渐适应这种模式，认为只要业绩得到提升，即使利润率降低也是可以接受的。然而，这种策略的持续执行最终可能导致企业失去对目标消费者的吸引力，优质客户群体可能会转向竞争对手，而企业在市场中的竞争力也会逐渐减弱。

此外，企业的打折行为可能会引发整个行业的价格竞争。在这类价格战中，为了争夺市场份额，企业可能会不断降低价格，最终导致整个行业的利润空间被压缩,甚至出现无利可图的局面。在这种情况下,企业可能会陷入困境,难以转变策略,因为它们已经习惯了通过打折来吸引顾客,而忽视了提升产品质量、创新和品牌建设等其他关键的竞争力因素。

其中最经典的案例就是20世纪90年代中国彩电行业激烈的价格战,这场价格战标志着中国家电市场的转折点。起初,日本品牌在3C家电领域占据主导地位,但随着中国家电企业的崛起,尤其是长虹等国内品牌的迅速发展,中国彩电开始在市场崭露头角,销售业绩显著提升。然而,这一时期的中国彩电品牌采取了激进的打折促销策略,试图通过价格竞争来抢占市场份额。

这种策略在短期内确实带来了销售额的快速增长,但长期来看,却对中国彩电行业的健康发展造成了深远的影响。由于日韩等国际品牌并未跟进降价,中国彩电品牌的价格战逐渐演变成一场自我消耗的战争。随着价格的不断下降,中国彩电品牌的利润空间被压缩,品牌形象和市场定位也受到了损害。最终,这场价格战导致国内彩电品牌普遍被定位为中低端市场,许多企业面临品牌力不足和经营困难的双重挑战。这场价格战的教训表明,过度依赖价格竞争不仅会损害企业的利润,还可能削弱品牌的长期竞争力。

为了更深入地理解打折促销可能引发的长期负面影响,我们可以运用"饮鸩止渴"模型来揭示这种策略背后的潜在风险。"饮鸩止渴"模型是《系统思维》中的一个概念(如图3-1所示),它描述了一种短期措施带来长期不良后果的行为模式。这个成语源自中国古代,本义是指饮用毒酒来解渴,比喻用错误的方法来解决眼前的问题,而不顾可能带来的严重后果。在商业和管理领域,这个模型用来警示那些看似能够立即解决问题但实际上会导致更大问题的行为。在实际应用中,饮鸩止渴模型可以解释为在面对挑战或压力时,采取的临时解决方案可能会带来短期缓解,但这些解决方案往往忽视了长期的影响,可能会导致系统性问题加剧。例如,企业为了短期的业绩增长而过度依赖打折促销,这可能会损害品牌形象,降低利润率,最终导致市场竞争力下降。

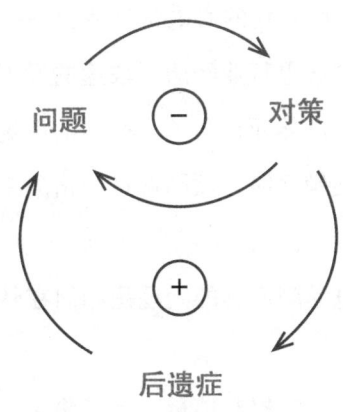

图 3-1　饮鸩止渴模型

饮鸩止渴模型通常涉及以下几个关键要素：

（1）问题识别。系统（如企业、组织或个人）面临一个需要解决的问题，这个问题可能是销售下降、财务压力、市场竞争等。

（2）短期解决方案。为了迅速应对这个问题，系统采取了一个看似快速有效的措施，例如打折促销、裁员以减少成本等。

（3）即时效果。这个短期措施在短期内产生了积极的结果，如销售量的提升或成本的降低，系统因此感到满足。

（4）长期后果。然而，这个短期措施并没有解决根本问题，反而可能引发新的问题或加剧现有问题。例如，频繁的打折促销可能导致品牌形象受损，消费者对正常价格的抵触，以及利润率的长期下降。

（5）依赖性增强。随着时间的推移，系统可能越来越依赖这种短期措施，因为它提供了快速的解决方案。这种依赖性可能导致系统忽视了寻找和实施长期、可持续的解决方案。

（6）恶性循环。最终，这种依赖可能导致一个恶性循环，系统在长期内不断采取短期措施来应对问题，而忽视了对系统结构和流程的根本性改进。这可能导致系统的整体健康状况逐渐恶化，甚至可能导致系统的崩溃。

前面提到的 20 世纪 90 年代的彩电价格战就是一个典型的饮鸩止渴模型案例。在这个时期，中国彩电行业经历了快速的发展，国内品牌如长虹等开始在市场上占据一席之地。然而，为了在激烈的市场竞争中获得优势，这些品牌采取了大幅的打折促销策略，试图通过价格战来吸引消费者，迅速提升市场份额。

问题识别：中国彩电品牌面临的问题是如何在外资品牌主导的市场中获得更大的市场份额。

短期解决方案：为了迅速提升销量和市场份额，彩电品牌选择了大幅度打折促销作为应对策略。

即时效果：短期内，这种策略确实带来了销售量的激增，市场份额有所提升，企业业绩看似得到了改善。

长期后果：然而，长期来看，这种价格战导致了利润率的大幅下降，品牌形象受损，消费者开始将中国彩电品牌与低价、低质联系在一起。此外，价格战还引发了行业内的恶性竞争，导致整个行业的利润空间被压缩。

依赖性增强：随着价格战的持续，彩电品牌越来越依赖打折促销来维持销售，而忽视了产品质量、技术创新和品牌建设等长期发展的关键因素。

恶性循环：最终，这种依赖导致了恶性循环，彩电品牌在价格战中逐渐失去了竞争力，无法通过提高产品质量和创新来吸引消费者。同时，行业内的价格战使得所有参与者的利润都受到影响，整个行业的发展受到了阻碍。

通过饮鸩止渴模型的分析，我们可以看到，中国彩电行业的价格战虽然在短期内带来了销售额的增长，但长期来看却损害了行业的健康发展，导致企业失去了持续竞争力。这个案例强调了在制定市场策略时，企业需要考虑长期影响，避免采取可能带来严重后果的短期措施。

打折促销模式下的饮鸩止渴

从长期视角审视，打折促销的潜在危害逐渐显现，我们可以将其分为三个阶段来分析"饮鸩止渴"模型的不同反应结构：

初期模型反应：我们称之为兴奋的开始。在这个阶段，打折促销作为一种短期策略，迅速吸引了消费者的注意力，使销售量激增。企业可能因为这种即时的市场反馈而感到满足，认为找到了有效的销售手段。然而，这种策略并未触及产品价值、品牌定位和市场竞争力等核心问题。

中期模型反应：我们称之为无奈的煎熬。随着时间的推移，打折促销的频繁使用开始显现出其副作用。消费者逐渐习惯于等待折扣，品牌忠诚度下降，同时，企业的利润空间受到压缩，创新和研发投入减少。此时，企业可能开始意识到打折促销的局限性，但往往已经难以摆脱这种依赖。

后期模型反应：我们称之为无力的绝望。在长期依赖打折促销后，企业可能会发现自己陷入了一个恶性循环。品牌形象受损，市场竞争力减弱，优质客户流失，而企业为了维持销售，不得不进一步降低价格，甚至牺牲产品质量。此时，企业的整体健康状况和市场地位都受到了严重影响，难以通过常规手段恢复。

以下我们就这三个阶段进行深入的分析了解。

初期模型反应：我们称之为兴奋的开始

在图 3-2 所示的情境中，企业在初期实施打折促销时，往往伴随着公司内部的兴奋与期待，因为这种做法能够迅速带来显著的销售增长，给人一种立竿见影的成就感。员工可能会错误地认为打折促销是解决销售问题的灵丹妙药，从而对其产生过度依赖。消费者在享受折扣的同时，也乐于进行购买，这使得企业得以快速清理库存。然而，这种策略忽视了库存积压的根本原因，以及生产与市场需求之间的平衡。企业在没有深入分析库存问题的情况下，可能会继续扩大生产规模，以防销售激增时出现供不应求的情况，从而陷入一种"打折—生产—再打折"的循环。

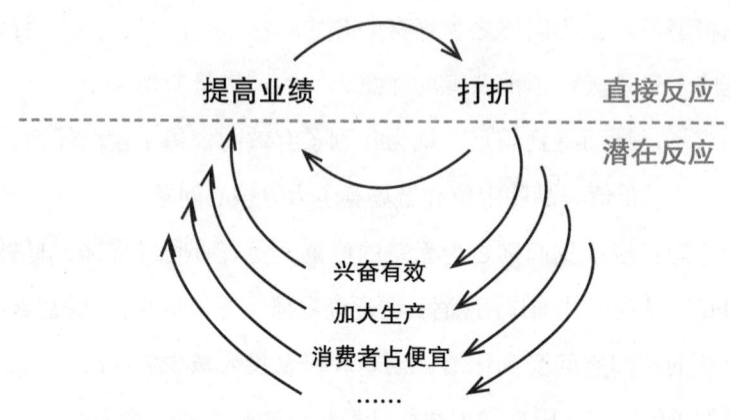

图 3-2　饮鸩止渴模型之前期反应

起初，竞争对手可能对这种策略持观望态度，但随着企业业绩的提升，他们可能会被迫加入这场价格战，导致整个行业的竞争加剧。随着时间的推移，这种竞争可能会演变成行业内的恶性竞争，价格不断被压低，利润空间缩小，最终可能导致整个行业的健康发展受到损害。

由此可归纳为以下四点：

（1）企业内部反应。企业在初次实施打折促销后，通常会感受到一种兴奋和激动，因为这种做法带来了短期内的销售增长。员工和管理层可能会对打折促销表示认可，认为这是一种有效的销售策略，并预期在未来继续采用。

（2）消费者行为。消费者在享受折扣优惠时，往往会感到满意并愿意进行购买，这在短期内促进了销售，增加了企业的现金流。

（3）竞争动态。起初，竞争对手可能对企业的打折促销策略持观望态度。

但随着企业业绩的提升,竞争对手可能会感到压力,开始考虑或被迫采取类似的促销策略,从而加入价格竞争。

(4)生产与库存。随着销量的上升,企业可能会增加生产以满足市场需求,这可能导致库存水平的增加。企业可能会陷入一种循环,即通过打折促销来处理过剩库存,而不是从根本上解决生产与需求之间的平衡问题。

中期模型反应:我们称之为无奈的煎熬

在图3-3所示的情境中,打折促销进入中期阶段,企业可能会发现自己陷入了一种无意识的困境。在激烈的市场竞争中,打折已经成为常态,似乎不参与打折就难以维持生意。这导致打折的频率和力度不断增加,企业在高销售额的表象下却难以自拔。然而,随着时间的推移,打折促销的效果开始减弱,消费者逐渐对这种策略变得麻木,对品牌和产品的认知度也随之下降。

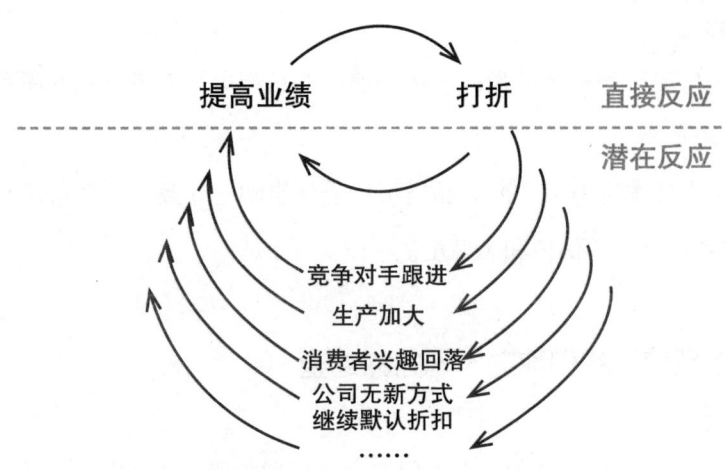

图3-3 饮鸩止渴模型之中期反应

在生产端,机器继续运转,企业为了维持销售额而不断扩大生产,导致库存积压。尽管销售量看似在增长，但实际利润却在减少。这种持续的促销活动形成了一种扭曲的商业模式，企业在追求销量的同时，忽视了利润和品牌价值的维护。

整个行业在这样的环境下也变得更加内卷化，企业间的竞争导致利润空间不断被压缩，产品质量可能因为成本压力而下降。消费者对产品和品牌的感知逐渐恶化，这不仅损害了企业的长期竞争力，也影响了整个行业的健康发展。企业需要意识到这种饮鸩止渴的行为模式，寻求更可持续的发展策略，以避免长期损害。

归纳总结为以下五点：

（1）企业将打折促销视为常规营销手段，导致集体无意识地频繁使用，这已成为一种习惯性行为；

（2）随着竞争对手的跟进，打折促销在行业中变得普遍，形成了一种难以摆脱的行业现象；

（3）消费者对打折促销的新鲜感逐渐消退，对此类活动的反应趋于平淡，兴奋度降低；

（4）生产活动持续扩张，不断增加的产品产量为未来可能的库存积压问题埋下隐患；

（5）在成本压力下，产品品质可能受到影响，导致整体质量水平下降，影响消费者对品牌的信任和忠诚度。

后期模型反应：我们称之为无力的绝望

在图3-4所示的情境中，打折促销进入后期阶段，其效果已经微不足道，消费者对持续的折扣活动感到麻木，因为频繁的打折实际上已经失去了其吸引力。与此同时，由于前期的价格战，市场竞争环境变得异常激烈，这迫使企业不断压缩成本，以维持价格优势，导致产品品质难以保证。团队内部由于长期依赖简单的打折策略，缺乏对新技能和创新策略的探索，使得在市场逆境来临时缺乏应对之策。

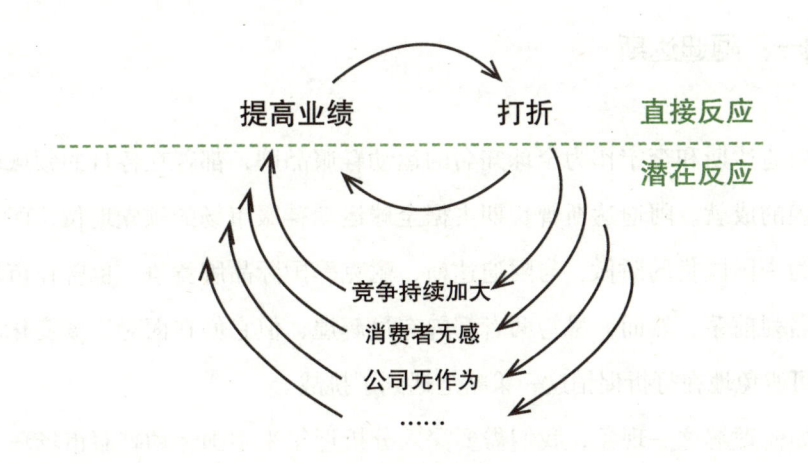

```
         提高业绩 ⟶ 打折        直接反应
    ─ ─ ─ ─ ─ ─ ─ ─ ─ ─ ─ ─ ─ ─ ─ ─
                                  潜在反应
           竞争持续加大
           消费者无感
           公司无作为
           ……
```

图 3-4　饮鸩止渴模型之后期反应

正如俗语所说，"潮水退去时，方知谁在裸泳"。在市场低迷时期，那些过度依赖打折促销的品牌往往难以抵御业绩下滑的压力，因为这种策略让企业在规模上看似庞大，实则缺乏核心竞争力。众所周知，一个真正优秀的企业不应该建立在频繁打折的基础上。许多企业因为打折促销而兴盛，却也因为过度依赖而衰败。轻则业绩受损，重则可能导致企业的彻底失败。

为了避免这种局面，企业应该从一开始就关注并预防这一问题，确保促销活动不会损害品牌价值和利润。拒绝过度依赖打折促销，转而寻求更多元化和可持续的市场策略。这样，企业才能在竞争激烈的市场中保持稳健发展，避免因短期行为而付出长期代价。

三个案例看打折带来的危害

案例一：阿迪达斯

阿迪达斯和李宁作为全球知名的运动鞋服品牌，都曾在各自的领域取得了辉煌的成就。阿迪达斯曾长期占据全球运动鞋服市场的领先地位，而李宁则作为中国国货的骄傲，与阿迪达斯、耐克等国际品牌竞争，也曾在市场份额上名列前茅。然而，尽管两者都曾有过辉煌，但它们在面对市场变化时，都不可避免地在打折促销这一策略上遇到了挑战。

如何理解这一现象，我们需要深入分析近年来中国运动鞋服市场环境的演变，以及这两个品牌在这一过程中所采取的发展策略。首先，我们应关注中国运动鞋服市场的整体发展趋势，包括市场规模的增长、消费者行为的变化、竞争格局的调整以及技术创新的影响。这些因素共同作用于品牌策略，影响了它们在市场上的表现。

在国际运动鞋服品牌一度占据市场主导地位的背景下，中国本土品牌逐渐崛起，国民对国货的认同感和自豪感日益增强，推动了"国潮"文化的兴起。根据调查数据，过去十年间，中国消费者对国潮品牌的关注度激增，超过 500%，这一增长速度远远超过对国际品牌的关注度。借助这股国潮风，国内运动鞋服行业的领军品牌如安踏和李宁，不断增强市场竞争力，与耐克、阿迪达斯等国际巨头展开激烈竞争。

特别是在 2021 年之后，消费者对国产品牌的支持更加明显，这使得耐克和阿迪达斯在中国市场的业绩增长受到一定影响。与此同时，安踏和李宁等国产品牌抓住机遇，通过产品创新、品牌营销和渠道拓展等多方面的努力，实现了营收的快速增长。根据 2022 年的财报数据，安踏和李宁分别实现了 530 多亿元和 280 多亿元的营收，分别位居中国运动鞋服市场营收的第一位和第三位。安踏更是首次超越耐克中国，成为中国市场的领头羊，而李宁的营收也成功超越了阿迪达斯。

为了应对销量和库存压力，自2019年以来，阿迪达斯采取了频繁的折扣促销策略，线上线下促销周期长，折扣力度大，比如"全场低至三折""岂止五折"等，虽然疯狂打折有助于消化库存和短期回款，但却导致公司毛利率下滑，消费者对品牌价值的认知出现偏差。新品研发投入下降，导致消费者对新品的兴趣降低。此外，消费者还形成了"阿迪达斯会一直打折"的印象，导致他们在新品上市时不愿意立即购买，而是等待打折时再购买（如图3-5所示）。

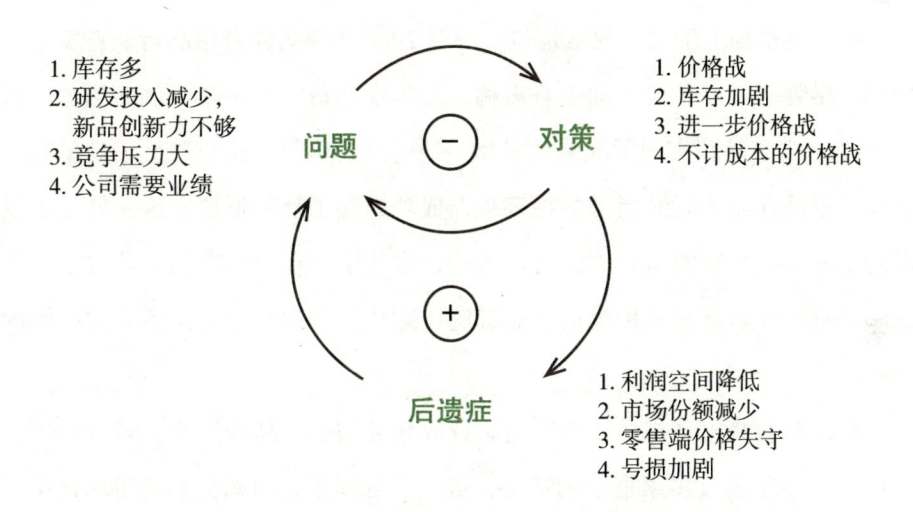

问题
1. 库存多
2. 研发投入减少，新品创新力不够
3. 竞争压力大
4. 公司需要业绩

对策
1. 价格战
2. 库存加剧
3. 进一步价格战
4. 不计成本的价格战

后遗症
1. 利润空间降低
2. 市场份额减少
3. 零售端价格失守
4. 号损加剧

图3-5　阿迪达斯饮鸩止渴模型分析

其实，阿迪达斯在中国市场的打折策略并非首次对其品牌形象造成影响。在2008年北京奥运会期间，阿迪达斯同样遭遇了销售不佳和库存积压的困境，从而不得不采取大规模打折来清理库存。这一策略不仅短期内影响了业绩，还对品牌声誉造成了长期损害。然而，阿迪达斯在经历这次挫折后，通过加强产品创新，重磅推出三叶草复古系列和Yeezy系列，以及一系列成功的跨界合作，成功地重塑了品牌形象，重回一线品牌之列。不幸的是，一些职业经理人出于对短期业绩的追求或考核压力，再次陷入了频繁打折的模式，以追求快速的销售额增长。这种做法虽然短期内可能有助于提升业绩，但长远来看，却可能导致品牌价值的进一步稀释，进而重蹈覆辙，陷入一种恶性循环。阿迪达斯需要警惕这种短视行为，避免再次陷入因打折促销而损害品牌长期发展的困境。

案例二：李宁服饰

李宁品牌自1989年创立以来，依托创始人李宁在体育界的辉煌成就，迅速在中国市场上确立了权威地位，并在2004年成为体育用品行业首家上市公司。尽管起初以传统运动装备著称，品牌在消费者心中缺乏创新形象。但2018年，李宁品牌实现了战略性转型，通过融合传统文化与现代设计的新产品线，以及在纽约时装周的惊艳表现，成功重塑了品牌形象。这一转变不仅提升了品牌在年轻消费者中的时尚地位，也使李宁在全球市场上获得了更广泛的认可，标志着其从传统运动品牌向国际化、时尚化运动生活方式品牌的华丽蜕变。

自纽约时装周亮相后，李宁品牌营收显著增长，品牌影响力持续扩大。2019年，李宁通过多渠道营销策略，进一步巩固了其国潮品牌的市场地位，实现了营收的稳定增长。即便在2020年疫情冲击下，李宁依然实现了营收的正向增长。2021年，李宁在新疆棉事件中的积极表态，赢得了消费者支持，推动了销量激增，全年营收突破200亿元，彰显了品牌竞争力。然而实现快速增长后，李宁却又遇到了新的挑战。随着"国潮风"的普及，众多中国品牌如安踏、特步、361°等纷纷加入这一市场，产品设计和营销策略的同质化导致市场竞争加剧，这种过度饱和的市场环境使得"国潮"这一曾经的独特卖点逐渐变得普遍，削弱了李宁品牌的差异化优势。

此外，与国际品牌相比，中国品牌在洞察消费者需求和产品创新方面仍存在差距，这使得产品难以在竞争激烈的市场中脱颖而出。李宁试图通过高端化策略提升品牌价值，但在这一过程中可能忽视了消费者对性价比的基本需求。例如，李宁的超轻跑鞋系列价格逐年上涨，而研发投入相对较低，这可能影响了产品的核心竞争力。并且，李宁近年来在产品定价策略上的调整，导致了市场定位与消费者预期之间的错位。品牌在提升价格的同时，却未能完全匹配消费者对李宁性价比的认知，这使得部分消费者感到价格与价值不成正比，从而选择离开。为了应对销售压力，李宁在重要节日期间采取了大幅度的折扣促销，类似"折上四折"或"不止三折"等以吸引消费者，而有些代理商为了应对不得不采取更低的折扣，造成零售端的混乱，引发消费者对品牌价值的质疑，从而影响了品牌的正面形象和消费者忠诚度（如图3-6所示）。

问题
1. 产品竞争力变弱
2. 超出消费者对品牌性价比预期，库存变多
3. 研发费用降低产品竞争力更弱
4. 公司需要业绩

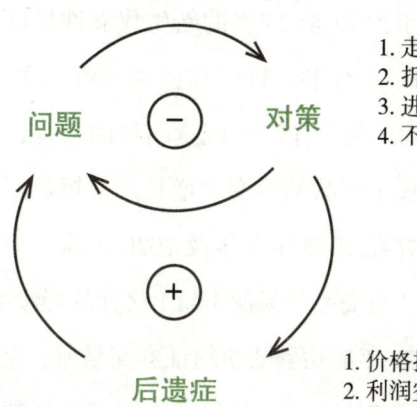

对策
1. 走高端化路线
2. 折扣促销
3. 进一步价格战
4. 不计成本的价格战

后遗症
1. 价格提升
2. 利润空间减少
3. 零售端价格失守
4. 亏损加剧

图3-6 李宁饮鸩止渴模型分析

从阿迪达斯和李宁的案例来看，这两个品牌在面对经营挑战时，都采取了打折促销作为应对策略。短期内，这种策略确实能够迅速吸引消费者，有

利于促进销售，清理库存。然而，长期依赖打折促销可能会在消费者心中形成一种固有印象，即品牌产品经常打折，从而影响他们对品牌价值的认可，导致消费者期待更低的价格，这反过来又可能损害品牌形象和长期发展。

此外，频繁的折扣活动会压缩利润空间，降低品牌在产品研发和创新上的投入，这在竞争激烈的市场中可能会导致产品竞争力下降。品牌需要在促销策略和长期发展之间寻求平衡，确保促销活动不会损害消费者对品牌的信任和忠诚度。与此同时，品牌应持续关注产品质量和服务水平，以维护消费者的购买体验和品牌形象的稳定。通过以上策略，品牌可以在保持市场活力的同时，避免陷入过度依赖折扣促销的陷阱，以确保可持续发展。

案例三：完美日记

完美日记这一品牌，由广州逸仙电子商务有限公司推出，并于2017年3月正式面世，专注于为18至28岁的新生代女性提供高性价比的彩妆产品。品牌充分利用天猫、小红书、抖音和微博等线上平台的流量红利，通过与KOL（关键意见领袖）的合作以及流量明星的代言，成功地在社交媒体上制造了高话题度，实现了产品的裂变式增长。在短短三年内成为中国线上彩妆市场的领军品牌，并在2019年全年及2020年前三个季度，成为唯一一个在天猫实现每月GMV（总商品交易额）超1亿元的彩妆品牌（历史排名如表3-1所示），更是在2020年成功登陆纽约证券交易所，上市首日股价大涨75%，市值达到百亿美元，成为中国美妆行业在美股市场的第一家上市公司，创造了国产美妆行业的一个传奇。

表3-1 近年天猫大促彩妆排名

排名	2019年 双11	2020年 618	2020年 双11	2021年 618	2021年 双11	2022年 618	2022年 双11	2023年 618
1	完美日记	花西子	完美日记	花西子	YSL	魅可	魅可	NARS
2	魅可	完美日记	阿玛尼	3CE	雅诗兰黛	3CE	花西子	魅可
3	雅诗兰黛	3CE	花西子	完美日记	3CE	魅可	3CE	YSL
4	兰蔻	YSL	3CE	珂拉琪	完美日记	花西子	YSL	玫珂菲
5	美宝莲	魅可	魅可	雅诗兰黛	花西子	NARS	雅诗兰黛	CPB
6	花西子	雅诗兰黛	YSL	YSL	阿玛尼	雅诗兰黛	NARS	彩堂
7	纪梵希	美宝莲	兰蔻	阿玛尼	兰蔻	阿玛尼	CPB	纪梵希
8	阿玛尼	ColorKery	美宝莲	兰蔻	魅可	兰蔻	兰蔻	3CE
9	3CE	小奥汀	雅诗兰黛	魅可	CPB	香奈儿	玫珂菲	雅诗兰黛
10	YSL	卡姿兰	纪梵希	纪梵希	纪梵希	迪奥	彩堂	兰蔻

信息来源：36氪

完美日记在品牌发展初期，通过实施"大牌平替"和"极致性价比"策略，有效抓住了市场机遇。品牌通过与顶级代工厂的合作，让消费者能够以亲民的价格体验到接近高端品质的产品，同时，其精美的包装设计也与一线品牌相媲美。这不仅满足了年轻消费者对高性价比的追求，也迎合了其对时尚与品质的双重需求。完美日记凭借这一策略，在彩妆市场中脱颖而出，迅速获得了目标消费者的认可，确立了其市场地位（如表3-2、表3-3所示）。

表3-2 完美日记"大牌同款"代工厂

完美日记主要代工厂	工厂合作的大牌美妆
科丝美诗	迪奥、欧莱雅、兰蔻、YSL、香奈儿、魅可
莹特丽	迪奥、兰蔻、阿玛尼、古驰、海蓝之谜
上海臻臣	宝洁、玉兰油、欧莱雅、雅诗兰黛

信息来源：增长黑盒 GrowthBox

表 3-3 同工厂品牌产品价格

品牌	粉底（元）	眼影（元）	唇釉（元）
完美日记	50~150	30~130	50~70
欧莱雅	99~420	59~209	105~145
魅可	320~420	100~480	170~210
YSL	480~600	320~920	250~320
阿玛尼	310~950	310~540	310~340

信息来源：商业地产头条（各品牌天猫旗舰店）

完美日记在经历了初期的快速发展后，其后逐渐面临市场的严峻挑战。在彩妆行业整体竞争加剧的背景下，互联网渠道的获客成本不断攀升，品牌间的竞争愈发激烈。国际大牌通过降价策略抢夺市场份额，而新兴国货品牌则以高性价比和创新能力吸引年轻消费者。在这种双重压力下，完美日记采取了激进的价格战策略，试图通过低价折扣来维持市场地位。这一策略在短期内虽卓有成效，但却为长期发展埋下了隐患。2020年的618购物节和双11期间，完美日记的市场份额和销量排名均出现了下滑。截至2022年，品牌在天猫彩妆销量榜单中的排名进一步下降，逸仙电商的股价也跌破一美元，市值大幅缩水，面临退市风险。

通过应用系统思考中的"饮鸩止渴"模型，再结合杰弗里·摩尔的品类成熟周期模型（一个产品或品牌会经历从技术创新到市场成熟，最终可能走向衰退的周期），我们可以深入分析完美日记所面临的挑战。在市场成长阶段，品牌"大牌平替"和"极致性价比"的策略有效吸引了消费者，帮助品牌快速成长，短期内带来了显著的销售额增长和品牌知名度。然而，随着市场的发展和成熟，消费者的需求逐渐从价格转向品质和体验，高端市场往往呈现出更快的增长。这一转变表明，如果品牌继续依赖低价策略，可能会面临增长瓶颈。原有品牌策略限制了利润空间，加上生产成本的上升和品牌定位的固化，使得产品价格难以提升，导致利润率下降，同时，随着消费者对品质和体验的要求提高，以及新品牌的涌现和国际大牌的市场竞争策略调整导致的市场竞争加剧，品牌需要在营销上投入更多资源以维持市场地位，这进一步压缩了利润空间并减缓了品牌增速，品牌可能会发现自己越来越依赖于价格战来维持销量。由于这种策略的后遗症和副作用存在时间延迟，品牌可能在一段时间内未能意识到其长期影响，直至问题变得严重，难以逆转（如图3-7所示）。

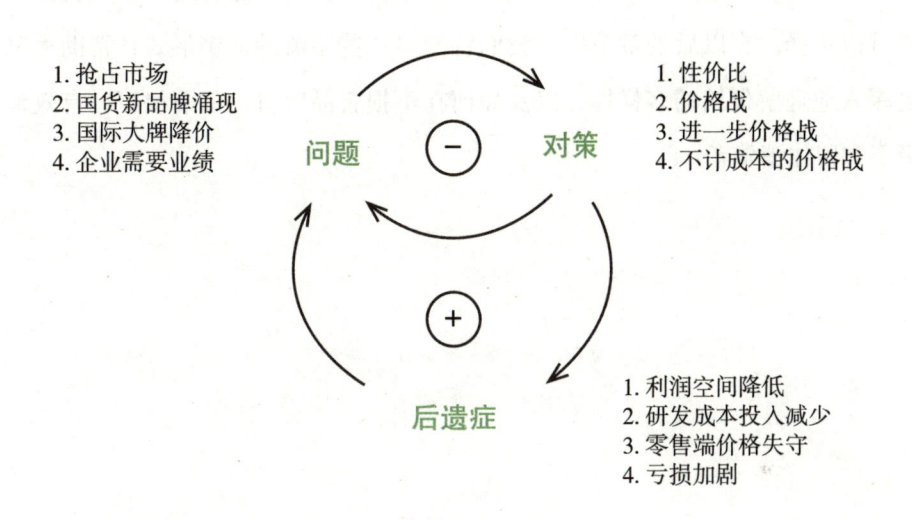

问题
1. 抢占市场
2. 国货新品牌涌现
3. 国际大牌降价
4. 企业需要业绩

对策
1. 性价比
2. 价格战
3. 进一步价格战
4. 不计成本的价格战

后遗症
1. 利润空间降低
2. 研发成本投入减少
3. 零售端价格失守
4. 亏损加剧

图 3-7　完美日记饮鸩止渴模型分析

综上所述，折扣促销虽然能为企业带来短期的销售额增长，但过度依赖这一策略可能会对品牌造成长期的负面影响。企业在制定促销策略时，应寻求平衡，确保促销活动不会损害产品价值和品牌声誉，同时探索其他市场策略来增强客户吸引力和忠诚度。历史经验表明，价格战虽然能带来短期利益，但从长期来看，其对品牌的伤害往往是深远且难以修复的。

品牌要想实现持续发展，关键在于塑造鲜明的品牌形象，通过传递产品的功能价值和情感价值，建立与消费者共鸣的品牌价值观。这包括形成独特的品牌态度和视觉风格，使品牌在消费者心中留下深刻印象。正如战略大师杰克·特劳特所言，应对价格战的最佳策略是提升价格，因为价格上涨能够在消费者心中树立高端品质的形象。这样的策略不仅能够为品牌带来更高的利润空间，还能为产品创新和市场拓展提供资金支持，从而巩固品牌的高端定位，形成良性循环。

品牌的成功与失败往往与促销策略紧密相连，许多品牌故事都证明了这一点。本章的目的在于强调，长期依赖打折促销可能带来意想不到的负面后果，特别是当这种策略成为常态时。然而，除了打折促销，品牌还有多种促销手段可以选择。在以后的章节中，我们将探讨一些主流的促销形式，帮助大家更深入地理解促销的多样性，以及如何在不损害品牌价值的前提下，有效地吸引和留住消费者。

第 4 章
促销的主流形式

促销活动远不止简单的打折降价，它涵盖了多种策略和形式，旨在吸引顾客、增加销量和提升品牌知名度。现将目前市面上常见的促销形式进行列举，方便大家可以更直观地去理解促销形式的多样性，并在提及促销时能够迅速联想到多种策略。

常规形式与突破常规

在大家的常规认知中，促销的主流形式包括有以下几种。

折扣促销：这是最常见的促销形式，包括定期的降价销售、季节性折扣、特价优惠和促销码。折扣降低了产品或服务的价格，激发了购买欲望。

满减活动：消费者在购买达到一定金额时可以获得折扣或优惠。这鼓励人们增加购买数量或选择更多的产品以达到门槛。

赠品促销：购买产品或服务时附带赠送其他产品或服务。这可以增加交易的吸引力，使消费者觉得获得了额外价值。

优惠券：企业发放优惠券，消费者可以在购买时使用以获取折扣或其他优惠。这鼓励购买和重复购买。

买一送一：购买一个产品后可以获得另一个相同或类似产品。这激励人们多买一些，增加销售额。

抽奖和竞赛：消费者参与抽奖或竞赛，有机会赢取奖品或优惠券。这增加了互动和乐趣，吸引了人们参与。

礼品卡和奖励计划：购买后获得礼品卡或积分，可以在未来兑换产品或服务。这建立了客户忠诚度，鼓励重复购买。

联合促销：不同品牌或商家合作推出促销活动，通常涉及交叉推销。这有助于扩大受众，共享资源，并提高品牌曝光度。

限时促销：产品或服务在一定时间内以特价销售，这鼓励人们尽快购买，创造紧迫感。

礼品或样品：购买产品时附带免费的礼品或样品，帮助顾客尝试新产品或感到受宠。这也有助于产品推广。

可以很明显发现，以上提及的促销形式基本是优惠类促销，与本书中提及的促销概念有所不同，因此，我们首先回顾下本书涉及的促销定义：

> "促销就是营销者向消费者传递有关本企业及产品的各种信息，说服或吸引消费者购买其产品，以达到扩大销售量的目的的一种活动。"

当然，消费者接收到的信息远不止产品本身的特性，企业的形象和声誉同样扮演着至关重要的角色。比如，企业在广告宣传中强调获得的荣誉和认证，如"质量信得过单位"或"年度最佳品质企业"等，这些信息虽然不直接描述产品，却能够有效地增强消费者对企业的信任感。这种信任感是消费者决策过程中的关键因素，它能够转化为购买意愿，从而促进销售。企业通过展示其在行业内的成就和认可，不仅提升了品牌形象，也为消费者提供了一种心理上的保障，使他们在众多选择中更倾向于选择那些信誉良好的企业产品。

有了以上理解之后，我们再看促销的进一步解释：

第 4 章
促销的主流形式

"促销实质上是一种沟通活动，即营销者（信息提供者或发送者）发出作为刺激消费的各种信息，把信息传递到一个或更多的目标对象（即信息接收者，如听众、观众、读者、消费者或用户等），以影响其态度和行为。常用的促销手段有广告、人员推销、网络营销、营业推广和公共关系。"

这段话深入阐述了促销的双重维度：背书类和优惠类。背书类促销主要通过各种奖项、官方认证、名人代言以及赞助赛事或活动等方式，为品牌和产品提供信誉支持。这类活动能够增强消费者对品牌的信任，从而激发购买意愿，影响消费者的购买决策。例如，获得"年度最佳品质企业"奖项或成为某个知名赛事的官方合作伙伴，大多数能在消费者心中树立品牌的正面形象，有利于建立其对产品的信任并购买。优惠类促销则直接提供给消费者实际的经济利益，如直接打折、满额立减、买一赠一、充值优惠等。这类促销活动通过提供即时的经济激励，吸引消费者进行购买，短期内提升销量。优惠类促销通常能够迅速吸引消费者的注意力，激发他们的购买冲动，是短期内提升销售的有效手段。总的来说，背书类促销侧重于长期品牌建设和消费者信任的积累，而优惠类促销则更注重短期内的销售刺激。企业在制定营销策略时，应根据自身目标和市场定位，灵活运用这两类促销手段，以达到最佳的市场效果。

在日常工作中，人们往往倾向于使用优惠类促销，尤其是打折促销，主要是因为这类促销方式简单易行，能够迅速吸引消费者的注意力并促进销售额的提高。然而，频繁使用打折促销可能会带来长期的品牌价值稀释和消费者忠诚度下降的问题。这种现象在很大程度上反映了团队在促销策略上的惯性思维和操作便利性的追求，而忽视了更深层次的品牌建设和消费者信任培养。比如教育孩子时，我们明白持续的努力学习是通往成功的关键，但面对懒惰和即时满足的诱惑，坚持变得困难。同样，企业在促销策略上也面临着类似的挑战。团队可能因为认知和能力的限制,难以在更高层次上思考如何通过背书类促销来推动品牌长期发展,从而缺乏为企业注入持续活力和创新能量的动力。为了克服这一挑战,企业需要培养团队的战略思维,提升市场洞察力,以及在促销策略上寻求创新,以实现品牌价值的长期增长。因此,掌握更多促销活动形式就成为亟须解决的急迫且重要的事项(如表4-1所示)。

表 4-1 促销活动类型分类

类型		具体内容	操作方式	优劣势
广告类	媒体投放	电视、报纸、杂志		
	户外广告	商圈、社区、机场、公交、地铁		
	网络广告	网站、App等		
	媒体公关	电视、报纸、杂志软文露出		
	其他类型	开屏、信息流、搜索、投流		
优惠类		打折		
		买赠/买满立减		
		充值翻倍		
		赠券		
		礼品		
激励类		员工激励		
		反佣		
背书类		专业奖项荣誉		
		官方认定		
		明星代言人(长代/短代)、品牌形象大使、明星服装赞助		
		明星/KOL(笔记、测评、开箱、视频、直播带货、线下探店)		
		优质供应商/原料		
		各种赞助、公益活动、论坛		
活动类	线下活动	时装周走秀、媒体发布会、POPUP		
	跨界合作	机构合作、品牌联名		
会员类	优惠类	会员积分兑换		
	活动类	VIP新品品鉴		

在实际营销实践中，促销活动类型的分类可以与7P营销组合策略相结合，以制订出更为精准和高效的促销计划。通过将背书类和优惠类促销活动融入产品、价格、促销、渠道、展示、过程和人这七个营销要素中，企业能够更全面地考虑市场动态，创造更具吸引力的消费者体验，从而在竞争激烈的市场中脱颖而出（如表4-2所示）。

表4-2　7P策略分解

产品	价格	促销	渠道	展示	过程	人
	正常价格/促销价格/付款条件/等	广告/公共关系/打折促销/买赠/分期付款/独特包装		有形服务/环境和展示/声音/视觉/品味/触觉/包装		工作人员/客户激励

促销策略犹如营销人员手中的工具箱，提供多种策略工具供我们选择。在制订促销计划时，不应局限于传统的打折和买赠活动，这些策略虽然简单直接，但可能缺乏深度和创新。相反，我们应该探索更多高级和复杂的促销手段，以实现更有效的市场渗透和品牌推广。为了深化对促销策略的理解，让我们通过一个独特的案例来揭示促销的真正含义，从而激发在策划促销活动时的创造力和策略性思维。

鸿星尔克案例带来的思考

从促销的角度来看，鸿星尔克2021年捐赠事件引发的销售狂潮算不算促销？

"2021年7月，郑州遭遇暴雨袭击受灾，牵动着所有中国人的心，不仅有众多明星捐款赈灾，还有很多企业捐款捐物资解救受灾群众。

21日下午鸿星尔克官方微博宣布，通过郑州慈善总会、壹基金紧急捐赠5000万元物资，驰援河南灾区。"

鸿星尔克的捐赠行为起初并未引起广泛关注，但在2021年7月22日，网友们的发现和转发让这一善举迅速升温。当公众了解到鸿星尔克在面临2.2亿元亏损的情况下依然慷慨捐赠5000万元时，这种无私精神深深打动了人们。随着微博热搜的登顶和网友的热烈讨论，鸿星尔克的淘宝直播间迎来了超过200万的观众，商品一上架即被抢购一空。网友们的积极互动和对"上最贵的"商品的呼声，展现了对企业社会责任的高度认可。

随后，鸿星尔克的热度持续攀升，热心网友不仅对其微博会员充值多年，抖音点赞数也突破1.4亿。在直播间，网友们的"野性消费"行为推动了销售额的激增，当日销售额同比增长52倍。2021年7月24日，直播间的打赏金额更是达到了惊人的2500万元。这场由数百万网友参与的"野性消费"运动，不仅让鸿星尔克这个一度被边缘化的企业重回公众视野，也证明了在合适的时机，通过正面的社会行为，企业能够收到意想不到的品牌复兴和销售奇迹。这正是促销力量的生动体现。

对于鸿星尔克来说，这次意外的走红不仅是一个美丽的意外，更是一次难得的发展机遇。虽然这样的机会并不常见，但如果能够正确利用，就有可能开启品牌的新篇章。我们对鸿星尔克的慷慨捐赠表示深切的赞赏和敬意。

通过这个案例，从促销角度你可以学到什么？

让我们先来回顾一下促销的定义：

"促销实质上是一种沟通活动，即营销者（信息提供者或发送者）发出作为刺激消费的各种信息，把信息传递到一个或更多的目标对象（即信息接收者，如听众、观众、读者、消费者或用户等），以影响其态度和行为。常用的促销手段有广告、人员推销、网络营销、营业推广和公共关系。"

在这个案例中,我们可以看到慈善营销的影子,我们观察到的信息刺激消费的策略,实际上是一种公共关系策略,它通过正面的社会行为和公众情感的共鸣,有效地提升品牌形象,激发消费者的购买热情,间接影响消费者的态度和购买行为。正如名表品牌通过赞助网球、马术等高端体育赛事来提升品牌地位,鸿星尔克的捐赠行为也从侧面改变了消费者对品牌的看法,从而促进了消费者的购买决策。

这一现象特别凸显了慈善营销在塑造品牌认知和驱动消费行为方面的巨大潜力。案例中,消费者最初得知的是多家企业对河南洪水灾害的捐款和物资支持,这无疑为这些企业的形象加分。然而,当公众了解到鸿星尔克在面临巨大财务压力(前一年亏损2亿多元)的情况下,依然慷慨解囊,这种无私的行为深深触动了消费者的情感,尤其是在灾区情况严峻、民众心急如焚的背景下。消费者通过支持鸿星尔克,实际上是在表达对灾区的支持,鸿星尔克在这一过程中成为连接消费者与灾区的桥梁。鸿星尔克在后续的行动中,展现了其社会责任感,不仅呼吁消费者理性消费,还关闭了打赏通道,并将所得款项再次捐赠给灾区,这些举措进一步赢得了公众的尊重。

回顾这一事件,如果鸿星尔克能够利用这次捐赠带来的热度,进一步塑造其高品质、高性价比的国货品牌形象,同时调整销售策略,减少打折促销,推出几款经典鞋型,那么鸿星尔克有可能成为中国鞋业的优衣库,迅速提升其品牌地位,成为国货中的佼佼者。这样的策略调整,将有助于鸿星尔克在市场中占据更稳固的地位,实现长期可持续发展。

促销策略的多样性远不止简单的折扣,它涵盖了多种创新和有效的手段。通过将这些促销形式进行分类和整合,我们能够更便捷地选择和应用。鸿星尔克的案例就是一个生动的例子,展示了促销形式的多样性以及其可能带来的意想不到的积极效果,甚至是奇迹般的市场反应。

在探讨了促销的手段之后，人们自然会关注促销力度的设定问题。这涉及如何确定折扣的幅度，或者在其他促销形式上投入多少资金。正确的力度设定对于吸引消费者、提升销售业绩以及维护品牌形象至关重要。

第 5 章
让利促销的力度设定

促销力度的设定是一门艺术，它要求品牌在追求销售增长与维护品牌形象之间找到恰当的平衡。在狭义的让利促销中，品牌需要精心计算折扣幅度，以确保既能吸引消费者，又不损害长期利润。然而，当促销活动涉及如抽奖、明星代言等非直接让利的形式时，观察和评估的角度则有所不同。在这类促销活动中，品牌更注重的是活动对消费者情感的触动、品牌形象的提升以及与消费者建立更深层次的联系。例如，通过举办抽奖活动，品牌可以激发消费者的参与热情，同时借助这种互动性较强的方式，增加品牌的社交话题度。而明星代言则能够借助代言人的影响力，快速提升品牌知名度和吸引力，塑造品牌形象。这种情况下，品牌需要考虑的不仅是促销活动的成本效益，还包括活动如何与品牌定位相契合，以及如何通过活动传递品牌的核心价值。这样的促销策略往往更注重长期的品牌建设和消费者关系的培养，而不仅仅是短期的销售数字。

不做促销的盲目追随者

促销并非折扣力度越大越有效，关键在于确定合适的力度。过度的折扣促销，如果一开始就提供五折或六折的优惠，可能会逐渐削弱消费者对品牌的喜爱和忠诚度。正确的促销策略应当平衡折扣力度与品牌价值，以实现销售增长和品牌长期发展。

品牌在决定折扣力度时，需考虑多个因素，其中最主要的两个因素为：

其一，产品开发失败导致的库存积压；

其二，生产过量导致的库存积压。

这两种情况的处理方式应有所区别，不能简单等同。如果是因为产品开发未达预期，且未来不再生产该产品，那么可以适当增加折扣力度，因为此时促销的主要目的是弥补产品开发失败的损失，快速清理库存。在这种情况下，较大的折扣力度是合理的。

如果产品本身仍将继续生产和销售，而只是当前批次的库存过多，那么采取大力度、长时间的折扣促销是不可取的。这种做法可能会对产品的长期市场表现产生负面影响。相反，应该采取温和且持续的促销策略，将折扣活动融入日常的小规模促销中，以逐步消化过剩库存，避免对品牌价值和消费者认知造成损害。

除了以上两种情况，所有的让利促销，其力度设定应与预期利润紧密相关。重要的是，企业要认识到促销的核心目标是实现销售，而销售的最终目的是创造利润。因此，在制定折扣策略时，必须仔细权衡折扣幅度、预期销售量和利润之间的关系，确保促销活动吸引消费者的同时，既能保障企业的盈利空间，又能维护品牌价值。

例如：假设某产品总销售量 8 万~15 万件，价格是 100 元/件，成本占价格的 30%，根据公式"销售量 ×（折扣率 × 价格 – 成本）= 利润"，不难得出不同折扣的利润（如表 5-1 所示）。

表 5-1　销售量与折扣之间的非线性增长关系

销售量/万件	折扣率	价格/元/件	成本/元	利润/万元
8	80%	100	30	400
10	70%	100	30	400

续表

销售量/万件	折扣率	价格/元/件	成本/元	利润/万元
12	65%	100	30	420
12	60%	100	30	360
15	50%	100	30	300

通过上述分析我们可以发现，销售量与折扣之间的关系并非线性增长，而是呈现出一种曲线趋势，存在一个最优点。我们的目标是在保持一定销售量的前提下，实现利润的最大化。因此，设定折扣力度时应围绕这个最优点进行，以确保在吸引消费者的同时，不损害长期利润。这样的策略有助于在促销活动中找到平衡点，既能刺激销售，又能保持企业的盈利能力以维护品牌价值。

在商业实践中，促销力度往往受到惯性思维的影响，许多从业人员可能会根据以往经验或公司传统，习惯性地采取激进的折扣策略，如五折促销。然而，这种基于习惯而非科学分析的做法可能会导致利润的损失。例如，在笔者26岁时担任美特斯邦威杭州分公司总经理时，面对季末销售计划中的"买一送一"和"全场五折"活动，提出了质疑。通过分析去年季末促销期间的毛利数据，强调我们的目标应是毛利最大化而非单纯的营收增长。基于这一目标，我们调整了促销策略，将活动周期缩短至一周，并根据产品类别制定了差异化的折扣政策：新品保持正价，畅销老品八折，滞销产品五折。这种策略的调整使得毛利同比大幅增长70%，实现了夏季季末的盈利，这证明了科学分析和合理规划在促销策略中的重要性。在同一时期，其他分公司普遍采取了两周买一送一和两周全场五折的促销策略。杭州分公司不仅实现了毛利的显著提升，销售收入也达到了最高水平。这表明在销售策略中，通过差异化的促销策略以维持利润收益，往往比通过大幅折扣迅速清仓更为明智。然而在日常工作中，我们面临的KPI（关键绩效指标）往往集中在销售额和库存周转率上，而非利润最大化。这种考核机制可能导致企业在追求销售目标时，忽视了利润的最大化。为了实现更合理的利润最大化，企业需要重新审视和调整 KPI，确保它们能够反映长期的利润增长和财务健康，而不仅仅是短期的销售数字。通过这种方式，企业可以在保持库存健康的同时，确保利润的持续增长。

促销力度的指导原则

如果我们能够为促销力度设定一个明确的指导原则，那么在制定促销策略时将更加科学和合理。通常情况下，我们的目标是实现利润最大化，因此在不影响品牌价值的前提下，应尽量避免频繁打折。然而，在某些特殊情况下，如产品开发失误、库存积压严重或面临其他紧急情况，打折促销可能是必要的，以确保公司的正常运营。在这些情况下，我们应采取特殊措施，有针对性地解决问题。简而言之，促销策略应灵活应对市场变化，既要考虑长期利益，也要应对短期挑战。设定折扣力度时，一定要具体问题具体分析，建议遵循以下原则：

优先原则：能不打折就不打折，在可能的情况下，优先考虑不打折，以维护品牌价值和利润空间。

渠道原则：可以在折扣渠道消化库存就别在正价渠道打折。如果必须打折，应选择在非正价渠道进行，以保护正价渠道的形象和利润。

低调原则：可以悄悄打折消化就别大张旗鼓的打折，尽可能低调地进行折扣促销，避免大规模宣传，以免影响品牌形象。

时机原则：可以反季打折就别在旺销季节打折。品牌尽可能选择在非旺季进行打折，以免损害正常销售。

效益原则：如果全场五折的收益与不打折相当，就不要打折，可以考虑将打折损失的这部分利润用于其他营销活动，如广告投放或品牌代言，以促进品牌长期发展。

特别需要注意的是，对于知名品牌和规模较大的企业，品牌建设和长期发展尤为重要。在财务模型分析中，如果打折与不打折的收益相同，那么应优先考虑那些能够提升品牌价值和市场竞争力的营销活动。这样的策略不仅能够保持品牌定位，还能在竞争激烈的市场中实现可持续发展。

> **一个小思考**
>
> 某品牌年销售额达到10亿元，其中约30%即3亿元是通过五折促销实现的。如果将折扣提升至八折，同样实现3亿元销售额，理论上可以增加近1亿元的毛收入。如果在这笔额外的收入中提取6000万元，用于投资品牌代言人、内容营销和大规模推广活动，是否可以获取更多的利润、更好的品牌建设？
>
> 思考：_____
> _____
> _____

在确保财务收益不变的前提下，企业应尽量避免采用折扣促销，转而选择更具创意和吸引力的促销方式。决定促销力度时，企业应综合考虑以下因素：

成本分析：首先，企业需要了解产品的成本结构，包括制造成本、材料成本、劳动力成本、运营成本和营销成本。这有助于确保任何折扣不会导致亏损。

市场竞争：研究竞争对手的价格策略。如果市场上其他公司常常提供折扣，你可能需要类似或更具吸引力的促销来吸引顾客。

销售目标：确定你的销售目标，包括销售增长的百分比、销售额的目标等。

这有助于确定需要的促销力度。

客户定位：了解你的目标客户群体和他们对价格的敏感度。不同的客户群体可能需要不同力度的促销。

利润目标：设定促销后的预期毛利润率，确保促销后仍然能够实现盈利。

促销时机：确定促销的时机，例如季节性折扣、假日促销等。在特定时期的促销力度可以略高一些。

客户价值：考虑客户的长期价值。即使在短期内你可能需要做出一些折扣，但如果你能够吸引并保留忠诚的客户，长期来看，这可能是有价值的。

品牌形象：考虑促销对品牌形象的影响。太频繁或太大幅度的折扣可能损害品牌声誉，因此需要权衡。

实验和监测：有时可以采用 A/B 测试或小规模试验来确定最有效的促销力度。同时，监测销售数据和客户反馈，以调整和优化促销策略。

设置让利促销的力度需要综合考虑上述因素，以确保促销活动既能吸引消费者，又能达到销售和利润目标，同时维护品牌声誉。这要求企业具备灵活性，并依赖数据驱动的决策过程，以便根据市场反馈进行及时调整和优化。

在掌握了制定促销策略的方法和力度后，如何有效地执行和安排促销活动将成为关键。在接下来的章节中，我们将深入探讨如何高效地实施促销计划，确保活动的成功并使其市场影响力最大化。

| 第 6 章 |
如何更好地安排促销活动

安排促销活动看似简单,但实际上许多品牌在执行过程中并未达到预期效果。品牌企业往往急于推出各种促销活动,仿佛在赶工期一样,频繁而仓促地进行。这种做法最终可能导致顾客、员工和企业三方都感到不满。出现这种现象,其背后的原因可能包括缺乏深思熟虑的策略规划、对市场动态的误判,以及对短期销售目标的过分追求。

为了更有效地安排促销活动,企业需要深入分析市场趋势、顾客需求和竞争对手的动态,制定出既符合品牌定位又能够激发消费者兴趣的促销计划。同时,企业应注重促销活动的质量和效果,而非仅仅追求数量。通过精心设计的促销活动,可以在不牺牲利润的前提下,提升顾客满意度,激发员工积极性,并为企业带来长期的利益。本章将深入探讨如何巧妙地安排促销活动,以实现共赢的局面。

改变习以为常的工作安排

在日常工作中,当我们审视全年的工作计划时,会发现许多活动,尤其是促销活动,具有高度的重复性和可预测性。例如,节假日促销、渠道店庆、品牌特别活动以及季末清仓等,这些活动往往遵循一定的时间表和市场节奏。超过 95% 的促销活动,其时间点是固定且可预见的——这基于产品的季节性需求和市场促销的周期性。这为我们提供了一个机会，即大部分促销工作可以提前规划，甚至可以整合外部资源进行大规模的策划，而不仅仅局限于传统的打折促销。

为了更有效地安排促销活动，可以围绕以下三个关键词进行：

- 提前策划
- 提取重点
- 整合营销

提前策划

提前策划是营销活动的关键环节，因为大多数营销活动，如"双十一"大促销，都有固定的时间节点和大致的促销规模。这意味着品牌有足够的时间来精心设计和准备促销活动。例如，针对"双十一"，品牌可以提前六个月甚至九个月开始策划，这不仅有助于构思出更具创意和实效的促销方案，也为涉及礼品定制、商务合作等复杂环节的活动提供了充足的准备时间。

对于重视营销的公司来说，与专业的策划公司合作是提升活动质量的有效途径。充足的策划时间能够确保团队深入挖掘市场趋势，精准定位目标消费者，以及设计出更具吸引力的促销内容，特别是对于那些需要长期准备和精细操作的项目，提前策划尤为重要，它能够确保活动在执行时更加流畅，效果更加显著。通过这种方式，品牌不仅能够提升销售业绩，还能在竞争激烈的市场中脱颖而出。

提取重点

在面对众多促销节点时，品牌并不需要追求在每个节点都达到完美表现，这既不现实也不符合资源优化的原则。资源有限，无论是人力还是物力，都应集中投入那些能够带来最大回报的项目上。在年度营销策划中，识别并优先处理那些具有关键影响力的大型促销活动是至关重要的。

遵循 20/80 原则，即"帕累托原则"，意味着应该识别并专注于那些能够产生 80% 效果的 20% 的促销活动。这些重大节点往往能带来显著的销售额增长，远超日常促销活动的效果。

同时，重点项目的策划和执行需要跨部门的合作，包括上游供应链和下游销售渠道，以及核心管理团队的参与。这样的合作不仅有助于明确企业的战略和销售重点，还能加强团队间的沟通与协作，确保活动成功。通过这种方式，企业能够在竞争激烈的市场环境中，有效地利用有限的资源，实现战略目标和销售目标的双赢。

整合营销

在营销实践中，有时为了简化工作流程，营销人员可能会将促销活动简化为简单的折扣或赠送小礼品，而忽略了与消费者深入沟通的重要性，以及创造更具吸引力的内容。这种做法往往忽视了与公司内部其他部门的协同合作，以及如何通过整合营销策略来实现超预期的销售成果和推动企业战略目标的实现。

有效的促销活动应该是一个整合营销的过程，它不仅需要整合外部资源，如合作伙伴和市场趋势，还需要整合内部资源，包括产品开发、品牌建设和销售渠道。通过这种跨部门的紧密合作，可以设计出更具影响力的促销活动，从而不仅能够显著提升销量，还能增强品牌的影响力和市场地位。

为了实现这一目标，营销团队需要与产品开发团队紧密合作，确保促销活动与新产品的推出相协调；与品牌团队沟通，确保活动传递出一致的品牌信息；并与销售渠道合作，确保促销策略在各个销售点得到有效执行。通过这种全方位的整合，促销活动才能真正发挥其潜力，为企业带来长远的价值。

营销策划的前置性

优秀的营销人员会将促销活动作为企业战略的核心组成部分，提前规划和执行。如果公司已经确定了年度战略，比如重点推广 A 产品，那么促销策略必须迅速响应这一战略，而不是被动等待或简单沿用去年的策略。

以"双十一"促销活动为例，策划时先要明确：

- 开始策划讨论的时间点
- 谁负责，谁参与

然后以此为基础，再根据以下环节进行操作：

目标明确：首先，明确促销活动的品牌目标和销售目标，是为了提升 A 产品的市场占有率，还是增加品牌曝光度抑或是促进整体销售额。

市场调研：了解目标消费者的需求和偏好，分析竞争对手的策略，以及市场的整体趋势。

创意策划：基于调研结果，设计创新且吸引人的促销方案，确保活动内容与 A 产品的特性和品牌形象相契合。

资源整合：整合内部资源，如产品库存、物流配送、客服支持等，确保活动顺利进行。同时，考虑与外部合作伙伴如电商平台、媒体、KOL 等的合作，扩大活动影响力。

预算规划：根据预期目标和市场调研，合理分配促销预算，确保资源投入与预期回报相匹配。

执行与监控：制订详细的执行计划，包括时间表、责任分配和沟通机制。在活动进行过程中，实时监控数据，如流量、转化率和销售额，以便及时调整策略。

后期评估：活动结束后，进行效果评估，分析成功之处及其应改进空间，为未来的营销活动提供经验教训。

通过这样的前置策划和系统操作，可以确保"双十一"促销活动不仅能够达到预期目标，还能为 A 产品的长期成功奠定基础。

一般来说，在传统的促销策划中，针对价格折扣类的活动，通常提前一个月进行准备即可，对于买赠类促销，提前三个月策划已经算是时间相当充裕的。然而，如果将"双十一"等大型促销活动视为品牌推广的核心环节，视为品牌升级和实现销售与利润双赢的契机，那么仅仅提前三个月进行策划可能还不够充分。这是因为这样的活动需要与品牌的年度战略紧密结合，包括对年度重点品类和产品线的规划、确保营销活动的一致性，以及对市场趋势的深入分析等（如表6-1所示）。因此，为了确保活动的成功，品牌需要更早地开始策划，以便有足够的时间来整合资源、优化策略，并确保活动能够与品牌的整体发展方向保持一致。

表 6-1 三种不同促销的时间规划

	7月	6月	5月	4月	3月	2月	1月	需要重点关注的信息点
折扣促销类							■	1. 策划折扣，计算财务分析； 2. 货品库存分析； 3. 促销设计落地
礼品赠送类					■	■	■	1. 策划礼品与成本，计算财务分析； 2. 货品库存分析； 3. 促销设计落地； 4. 礼品设计制作
整合营销类		■	■	■	■	■	■	1. 前期促销策划，预计财务分析； 2. 货品企划分析； 3. 促销设计研讨； 4. 预计推广策划/礼品设计制作

整合营销案例的推演

如何打造一个高效的整合营销促销方案？我们将用一个具体的案例来推演。

以服装公司为例，公司要在秋冬大力推广羽绒服，将其打造成公司的标志性产品，并取得重大阶段性成果。为了实现这一战略目标，我们需要跨部门协作，整合产品开发、营销和销售团队的力量，共同制订一个全面的营销方案。这个方案将涵盖市场分析、产品创新、品牌塑造、多渠道推广、促销策略、销售执行以及客户关系管理等多个方面，以确保在关键的销售季节实现显著的市场突破和品牌影响力的提升。

（1）开始策划讨论的时间点。

在产品开发初期，就应该启动策划讨论，确保团队对打造羽绒服作为主力产品的战略目标达成共识。

（2）进行细化目标拆解。

目标明确后，将目标具化，设定细化的销售目标。

例如：某公司要做羽绒服推广，2023年羽绒服定价为1500元（成本占比45%），总销售量为6万件，销售额为6750万元，平均折扣为7.5折，2024年的销售目标初步设定销售额提升至1.2亿元。那么为了实现这一目标，我们可以通过设定不同条件并采用以下公式来进行测算（如表6-2所示）。

表6-2 某公司羽绒服的四个推广方案

年份	销售量/万件	折扣	价格元/件	成本/元	销售额/万元	利润额/万元	利润率
2023年	6	75%	1500	600	6750	3150	47%
方案一：假设定价及成本保持不变，利润率不变							
2024年	11	75%	1500	600	12000	5600	47%

续表

年份	销售量/万件	折扣	价格元/件	成本/元	销售额/万元	利润额/万元	利润率
方案二：假设定价及成本保持不变，折扣提升1个点							
2024年	9	85%	1500	600	12000	6353	53%
方案三：假设定价及成本保持不变，取消打折							
2024年	8	100%	1500	600	12000	7200	60%
方案四：假设定价及成本保持不变，为应对竞争对手的7折折扣调整至65折							
2024年	12	65%	1500	600	12000	4615	38%

通过以上测算，我们可以发现，品牌在设定销售目标时，应综合考虑销售目标、折扣以及产品定价之间的关系，找到三者之间的最优平衡点。但实际上，许多公司在制定销售目标时，过分关注销售额，而忽视了折扣对利润的影响。这种做法可能导致为了达成目标而不得不增加折扣力度，从而损害品牌的长期价值。另外，为了追求快速增长，一些公司可能会推出更具性价比的产品来增加销量。然而以笔者多年的操盘经验来看，在设定产品价格时，公司应谨慎考虑是否调整价格策略，除非品牌定位有明确的调整，旨在转型为更注重性价比的品牌，否则这种做法可能会损害品牌形象和长期利益。

在设定了业绩目标、折扣策略和价格定位后，为了实现销售额从6000万元增长至1.2亿元，我们需要从增加的6000万元销售收入中分配一部分作为促销费用。在服装行业，促销预算通常占增长部分销售收入的20%至40%。根据这一比例，我们可以计算出本案例的促销预算范围在1200万元至2400万元之间。这样的预算分配有助于确保我们在追求销售额增长的同时，也能有效地控制成本，实现利润最大化。

通过这样层层拆分，为实现新的销售目标，最终需要多少促销费用，答案自然水落石出。

当1200万元至2400万元的促销预算放在销售与营销人员面前时，问题又来了：有钱了，怎么做才能保证公司实现羽绒服秋冬的业绩从6000万元增长到12000万元。这就需要用到促销工具箱（如表6-3所示）。

表 6-3　促销工具箱

类型		具体内容	操作方式	优劣势
广告类	媒体投放	电视、报纸、杂志		
	户外广告	商圈、社区、机场、公交、地铁		
	网络广告	网站、App 等		
	媒体公关	电视、报纸、杂志软文露出		
	其他类型	开屏、信息流、搜索、投流		
优惠类		打折		
		买赠/买满立减		
		充值翻倍		
		赠券		
		礼品		
激励类		员工激励		
		反佣		
背书类		专业奖项荣誉		
		官方认定		
		明星代言人（长代/短代）、品牌形象大使、明星服装赞助		
		明星/KOL（笔记、测评、开箱、视频、直播带货、线下探店）		
		优质供应商/原料		
活动类		各种赞助、公益活动、论坛		
	线下活动	时装周走秀、媒体发布会、POPUP		
	跨界合作	机构合作、品牌联名		
会员类	优惠类	会员积分兑换		
	活动类	VIP新品品鉴		

　　在营销策略中，促销工具的选择至关重要，它们就像是营销人员的武器库。在挑选这些武器之前，建议首先考虑超越传统的打折促销手段。这类优惠型促销往往被视为最后的手段，只有在别无选择或策略不足时才应考虑使用。

　　除了打折促销，我们还可以考虑激励类和背书类促销。激励类促销主要依赖于销售部门的策略，无论是对加盟商的激励还是对终端销售人员的激励，其效果都是直接且显著的。通过设定合理的激励机制，可以激发合作伙伴和销售团队的积极性，从而推动销售业绩的提升。

背书类促销则侧重于产品本身的价值和特性。例如，羽绒服可以通过强调其使用高级羽绒、超轻防护面料等特性来获得市场的认可。营销界有句名言："根据产品特性打造卖点，再根据卖点开发产品，这样的相互促进才能带来最佳效果。"因此，产品开发阶段就应该开始考虑促销策略，确保产品开发团队能够与营销团队紧密合作，共同为实现战略目标而努力。通过这种方式，我们可以确保产品从一开始就具备市场竞争力，并为后续的营销活动打下坚实的基础。

第 7 章
全场五折与买一送一

在商业实践中，促销活动已成为吸引消费者注意力和刺激购买行为的常见手段。特别是在季末清仓或节假日期间，消费者往往会被各种"全场五折""买一送一"等促销标语所包围。这些促销行为在短期内确实能够迅速提升销量，但它们往往忽略了品牌长期价值的构建和消费者体验的深度挖掘。

为了深入探讨这一现象，我们专门用一章的篇幅来细致分析。笔者认为，这种深入的讨论对于理解促销的本质、评估其对品牌和消费者行为的长远影响至关重要。

全场五折和买一送一的区别

全场五折和买一送一虽然在表面上看似相似，实际上它们代表了两种截然不同的促销策略，主要有以下四个主要区别：

折扣力度与表现形式

全场五折：这是一种直接的价格折扣，所有商品均以原价的 50% 出售，无论其原价高低。这种策略简单明了，消费者可以直观地看到价格上的优惠。

买一送一：这种策略提供了一种间接的折扣，消费者购买一个商品后，会获得另一个相同或类似价值的商品作为赠品。这种方式在心理上可能更具吸引力，因为它给人一种"额外获得"的感觉。

适用商品范围

全场五折：这种促销通常适用于店内所有商品，不区分种类、价格或类别，为消费者提供了广泛的选择。

买一送一：通常针对特定商品或商品类别，可能是为了推广新品、清理库存或提高某一商品的销量。

吸引力与购买动机

全场五折：能够吸引广泛的顾客群体，因为它允许消费者根据自己的喜好和需求自由选择商品，享受折扣。

买一送一：对于有特定需求或希望批量购买的消费者来说更具吸引力，它鼓励消费者增加购买量，通常与库存管理或特定商品推广有关。

销售目的与策略

全场五折：通常用于短期内提升整体销售额、增加店铺客流量，或达成季度销售目标。

买一送一：更多的用于库存管理，通过促销活动快速清理库存，或专注于提升某一商品的销量和市场占有率。

总体来看，全场五折和买一送一各有其适用场景和优势。企业在选择促销策略时，应考虑自身的销售目标、产品特性以及目标市场的需求。通过精心设计和策略执行，这两种促销方式都能够有效地推动销售，同时增强品牌与消费者之间的互动。

关键在于执行者的策略和洞察力

在营销策略中,全场五折和买一送一都是促销工具,它们本身并无优劣之分,关键在于如何运用这些工具以及背后的思考和策略。根据笔者二十多年的行业经验,这些强力促销手段通常作为季末清仓或大型节日促销的最后手段。五折促销往往被视为品牌的底线,一旦被突破,可能会损害消费者对品牌价值的认知,从而带来风险。

从消费者的角度出发,我们需要考虑他们对不同促销方式的感受。如果促销活动一直五折,消费者可能会对品牌的价值产生怀疑;而买一送一的策略则更能激发消费者的购买欲望。因此,除非必要,应尽量避免过度打折。在必须进行大力度促销时,买一送一通常比全场五折更为明智,因为它能在不直接降低单品价格的同时,增加消费者的获得感。

如果你负责的品牌长期依赖季末或节假日的全场五折或买一送一促销,核心任务应是优化或逐步淘汰这种激进的营销策略。作为品牌负责人,更应坚决避免此类活动,因为它们可能短期内刺激销售,但长期来看,过度依赖这类促销可能导致品牌价值稀释和市场定位模糊。

因此需要深入探讨大力度促销活动背后的长期影响。这些活动虽然短期内能吸引消费者,但长期而言,可能会损害品牌形象,降低消费者对品牌质量的预期,甚至在竞争激烈的市场中丧失优势。因此,制订更为精细和可持续的营销计划,以维护品牌价值和市场地位是至关重要的。

例如:某品牌成本为 500 元/个,零售价 2000 元/个,在去年超级节假日全场五折进行销售,销售 10 天,销售额为 1000 万元,卖出商品 10000 个,销售实际单价 1000 元/个,营销费用占销售额的 25%。请问:

- 去年大促利润是多少？
- 假设今年的销售目标是1200万元，你将下单生产多少产品？计划以多少单价进行销售？利润多少？

首先，我们来计算去年大促的利润。根据提供的信息，去年超级节假日期间，品牌以五折（即1000元/个）的价格销售了10000个商品，总销售额为1000万元。

营销费用占销售额的25%，即营销费用为1000万元 × 25% = 250万元。

成本为500元/个，总成本为500元/个 × 10000个 = 500万元。

利润计算公式为：利润 = 销售额 − 营销费用 − 成本。

所以，去年大促的利润为：1000万元 − 250万元 − 500万元 = 250万元。

针对第二个问题，在保持折扣力度不变的情况下，实现1200万元的销售额目标相对容易，只需生产12000个产品，这比去年的产量增加了至少20%。根据去年的利润计算，今年预期的利润将达到300万元。然而，这种看似常规的增长策略，实际上可能隐藏着长期的风险。随着时间的推移，单纯依赖打折促销来刺激销售的策略效果逐渐减弱，品牌公司面临的库存积压问题日益严重。为了快速消化库存，企业可能会不断加大促销力度，陷入一种"饮鸩止渴"的模式。这种策略不仅损害品牌形象、降低产品价值，还可能导致企业利润率的持续下滑，使企业在价格战的旋涡中越陷越深，难以自拔。

在这种情况下，企业需要寻求具有创新性和可持续的营销策略，以平衡短期销售增长与长期品牌价值的维护。假设我们的利润目标仍然是300万元，可是我们不是通过大规模的折扣促销，而是通过调整生产策略来实现这一目标。因此我们以2000元/个的零售价格，要达到1200万元的销售额，我们只需要生产6000个产品，这比去年减少了40%的产量。这样的策略虽然在理论上可行，但在实际操作中可能会面临内部阻力。核心管理层、销售部门和生产部门可能会对此持怀疑态度，因为他们习惯于通过打折促销来推动销售，对于不打折就能实现销售目标的策略可能缺乏信心。

为了确保这一策略的成功实施,我们需要对内部团队进行充分的沟通和教育,展示不打折策略背后的逻辑和潜在的市场机会。这可能包括强调品牌价值、产品质量、客户忠诚度以及通过其他营销手段(如增值服务、品牌故事、社交媒体营销等)来吸引和保留客户。同时,我们还需要进行详细的市场分析和销售预测,以证明这一策略的可行性,并设定清晰的 KPI 来监控进度和效果。通过这种方式,我们可以在不牺牲品牌价值和利润的前提下,实现销售目标,同时减少库存风险,提高整体运营效率。这需要公司内部各部门的协作和对新策略的共同承诺,以及对市场变化的敏锐洞察和快速适应能力。

在笔者的职业生涯中,曾三次面临类似的挑战。特别是在担任美特斯邦威杭州分公司总经理期间,面对连续三年季末的大规模促销活动——两周的买一送一和两周的全场五折,持续一个月——做出了一个大胆的决策。决定将买一送一的促销活动缩短至一周,并迅速调整了后续的促销策略。根据商品的畅销程度和库存状况,将产品分为正价、八折和六折三个档次进行销售。

这一策略的实施带来了显著的成效:当月销售额同比增长了 40%,并且在 32 个分公司中,笔者所在的分公司在毛利和利润增长方面遥遥领先,位居榜首。这一经验表明,适时调整折扣策略,甚至在某些情况下提高折扣门槛,并不一定会导致销售业绩的大幅下滑。相反,通过精准的市场定位和灵活的促销手段,我们不仅能够维持销售额增长,还能显著提升利润空间。这证明在营销策略上,创新和灵活性往往能够带来意想不到的积极结果。

还有一次是针对牛仔裤品类的推广。当时,公司的产品定价策略是 99 元、129 元、149 元和 199 元四个档次,其中 99 元的牛仔裤占据了超过 80% 的销量。在分析了市场情况后,笔者提出了一个大胆的建议:将 99 元的牛仔裤价格调整至 129 元,其他档次的价格也相应上调,同时引入更高价位的 299 元和 399 元牛仔裤。这一提议立即遭到了生产企划部门的强烈反对,他们担心价格上调会影响订单量,难以向生产商解释。销售部门也对提价后的市场接受度表示担忧。

尽管面临内部的疑虑，笔者还是将这一方案提交给了公司高层，并最终获得了批准。实施后的结果出乎意料地好：尽管生产的订单量没有达到去年水平，但公司的业绩却有了显著增长，不仅成功超额完成了当年的品类利润指标，还提升了整体的利润率。这一经历再次证明了，通过精准的市场定位和策略调整，即使在面临内部反对的情况下，也能够实现销售和利润的双重增长。

另外一次是笔者利用电影《变形金刚》与品牌进行 IP 联名营销来应对打折活动，当时的思考逻辑是：

- 我需要卖更多 T 恤（夏天）
- 我需要更贵卖 T 恤
- 我需要一个购买理由

利用"变形金刚"这一经典 IP 的怀旧魅力，我们成功地将 T 恤的定价从常规的 49 元／件提升至 79 元／件，这一策略不仅没有抑制消费者的购买意愿，反而激发了他们对"80 后"童年记忆的共鸣。在《变形金刚》电影上映期间，我们精心策划了一系列促销活动，这些活动不仅吸引了大量粉丝，还在服装行业的传统淡季期间创造了销售业绩的新高。通过这次营销，证明了情感价值在产品定价和销售策略中的重要性，同时也展示了如何通过文化 IP 的力量来提升品牌价值和市场竞争力。

在激烈的市场竞争中，大多数企业往往会采取跟随策略，即跟随竞争对手的价格战策略，即使这可能无法解决长期的业务挑战。只有少数企业敢于采用创新的营销策略、产品差异化或提升客户体验，因为它们需要更高层次的战略思维和勇气。面对价格战，企业必须做出选择：是盲目跟进，还是寻找更可持续的增长路径。尽管跟进似乎是一种安全的选择，但长远来看，这可能导致利润率下降和品牌价值稀释。真正的挑战在于，企业需要识别并实施那些能够带来长期竞争优势的策略，即使这可能意味着短期内的不确定性和风险。

根据约翰·斯特曼教授的研究，人类的心智模式在处理系统动态时存在固有的局限性。这些局限性主要表现在以下几个方面：首先，人们倾向于关注单一事件和直接的因果关系，而忽视了系统内部复杂的反馈机制；其次，我们往往没有意识到决策与结果之间的时间滞后，即行动和反应之间存在的时间差；最后，我们对系统中非线性特征的敏感性不足，这些特征在系统演变过程中可能会显著改变反馈回路的强度。这些认知偏差导致了所谓的"系统思考缺乏症"，其五种典型症状包括：

- 过度关注局部而忽视整体（只见树木，不见森林）
- 短视行为（只看眼前，不看长远）
- 表面现象分析（只看现象，不见本质）
- 局部问题局部解决（头痛医头，脚痛医脚）
- 本位主义导致的局限思考

价格战就是典型的"系统思考缺乏症"，这些症状阻碍了我们对系统行为的全面理解和有效管理。众所周知，价格战虽然能够短期内缓解库存压力，但长期来看，它并不利于企业的健康发展。如果发现自己的促销策略正逐渐陷入价格战的困境，那么首要任务是重新审视并调整促销目标。将焦点从单纯的销售额转移到利润最大化上，运用以利润为导向的思维模式，你就已经迈出了成功的第一步。

对于经常依赖大规模促销活动的企业，笔者的建议是采取更为审慎的策略：降低折扣幅度，缩短促销周期，减少产品生产量，并探索更有效的促销手段来替代直接的价格竞争。避免陷入全场五折或买一送一等激进促销的旋涡，专注提升品牌价值和客户体验，这才是企业持续发展的关键。通过这样的转变，企业可以在保持竞争力的同时，实现可持续的利润增长。

| 第 8 章 |
促销活动的操作性

在策划促销活动时,应避免过度复杂化,确保活动内容简洁明了,易于消费者理解,同时方便一线人员执行。过于烦琐的促销方案可能会使消费者产生困惑,同时令一线人员执行困难,从而影响活动效果。

好的促销活动要易理解、易操作

一个高效的促销活动设计需要确保活动规则简单明了,以便消费者能够迅速理解并参与其中。这种易理解性意味着活动的核心卖点或者激励措施应该直接、清晰,无须消费者进行复杂的解读或计算。操作便捷性则涉及促销活动的执行过程,这要求活动在实际操作中尽可能简化流程,减少不必要的步骤。比如,在线促销活动应该设计成用户友好的界面,确保顾客能够轻松地浏览优惠信息并完成互动或者购买。再比如礼品买赠活动,除了确保礼品受消费者欢迎且看起来具有价值外,还应特别考虑礼品是否易损坏,礼品的使用是否复杂,同时还应该考虑到礼品的仓储管理、物流配送、客户服务等后勤支持,确保整个礼品促销活动过程畅通无阻。

我们曾经举办过一个促销活动,顾客购买服装即可获赠拉杆箱。这个活动在宣传后反响热烈,顾客体验良好,销售业绩显著提升。然而,由于拉杆箱体积较大,无论是在店内展示还是仓库存储都占用了大量空间,而店铺通常位于租金昂贵的商业地段，空间资源十分宝贵，由此出现供应短缺，这导致一些高流量店铺不得不频繁向上级申请补充库存，给一线员工带来了额外的工作负担。尽管活动本身取得了成功，但由于未能充分考虑赠品的尺寸问题，为终端操作带来了不必要的困难和挑战。

因此，在策划促销活动时，为确保活动操作性应注意以下三个方面：

第一，简化促销政策，使其易于理解。设计促销政策时，应从消费者角度出发，确保政策易于理解。可以通过小范围测试，如邀请同事或朋友参与，来验证促销政策的清晰度。避免提供过多复杂信息，确保消费者能够快速把握促销要点。

第二，合理选择促销礼品。在选择促销礼品时，要充分考虑到实际零售营运过程中可能会遇到的问题，例如大尺寸礼品相比较而言更具吸引力，但受实体店铺的空间限制，就应避免因空间不足而影响店铺运营，而应选择尺寸适中、便于存储和分发的礼品，以减少对店铺空间的压力。

第三，考虑一线操作人员的工作负担。在策划促销活动时，应与物流、销售、收银和客服等相关人员沟通，确保活动执行过程简便。避免设计过于复杂或需要额外操作的促销活动，以免增加工作人员的工作量。

纠正认知偏差

在现实社会中，复杂的促销活动之所以普遍存在，往往是由于营销人员在策划时存在认知偏差。这种偏差体现为营销人员基于自身的理解和经验来推测消费者的认知，忽略了消费者可能对促销规则的不熟悉或复杂性。

就比如一些电商平台在促销时设计了多层次的优惠叠加，这可能是基于营销人员对平台规则的深入理解，以及对消费者购物行为的假设。其可能认为消费者会像自己一样熟悉平台规则，对产品有充分了解，并愿意投入时间和精力去计算最优的购买组合。然而，这种假设可能导致促销方案在设计时过于复杂，而忽视了普通消费者可能面临的理解难度和操作不便。

笔者记得前些年很多电商公司"双十一"促销方案基本结构是这样的——

- 全场货品六折。
- 第一小时下单使用满 1000 减 100 的优惠券。
- 可使用跨店满减券。
- 全天购物消费金额最高前五人可得苹果手机。
- 实际支付满 2000 元再送纪念版背包。
- 最后一小时疯狂加倍再减 50 元……

促销活动的设计复杂得令人发笑，但在电商行业，这已成为一种常态。当你建议策划团队简化活动时，他们往往难以接受，并且能提出一系列合理的理由来支持他们的复杂方案。

- 为了第一小时冲击业绩！
- 为了中间的业绩！
- 为了最后的冲击！
- 为了更高的客单！
- 为了业绩的完成！

一切都是为了业绩考虑，其实也不想那么复杂，只是被逼无奈。其实，制定高效的促销活动，营销人员更加关注的应该是消费者的真实需求和认知水平，从而设计简单明了、易于理解和参与的促销规则。通过简化优惠结构，减少消费者的认知负担，可以提高促销活动的参与度和效果，同时也能提升消费者的购物体验。而为了确保其操作性和有效性，我们可以遵循以下几个基本原则。

简洁性原则：设计促销活动时应追求简单易懂、易于操作。简洁的活动规则不仅便于消费者理解，也有助于快速识别和执行。这样的原则有助于我们筛选出真正有价值的促销策略，避免那些复杂且难以实施的活动。

单一性原则：在一次促销活动中，尽量不超过两种类型的优惠。过多的活动叠加不仅增加了操作的复杂性，还可能使消费者感到迷惑，影响他们对活动效果的感知。例如，如果一个活动包含了多个优惠层次，我们需要仔细评估这些活动是否真的有效，是否能够真正提升销售量、客单价和购买率。

折扣控制原则：在制定折扣政策时，我们的目标应该是尽可能控制折扣，这意味着我们要寻求一个平衡点，既能通过一定的折扣优惠吸引消费者，同时又能维持合理的利润空间，不至于牺牲过多利润。因此，我们不会单纯追求最低折扣，而是会综合考虑成本、市场需求、竞争对手的定价策略以及促销活动的目标来设定折扣，以实现销售增长和利润最大化。就比如若条件允许，我们会选择提供八折优惠而不是六折，这样既有折扣吸引顾客，又能维持企业的盈利能力和市场定位。

年度规划原则：在设计优惠类营销活动时，品牌应遵循年度规划作为指导原则（如表8-1所示），以确保促销活动的有序和高效。这一规划应包括两个关键要素：活动时间和活动类型。活动时间指的是促销活动的具体日期或时间段，这有助于品牌在消费者心中形成期待，同时也便于资源的合理分配和市场活动的协调。活动类型则涉及促销的具体形式，如满额赠送、直接折扣、捆绑销售或赠品等，这些类型的选择应基于品牌定位、目标市场和产品特性，以确保促销活动能够精准地吸引目标顾客群体并推动销售。

年度促销规划的核心价值在于将促销活动规范化和系统化，品牌可以在不同季节和市场环境下灵活调整促销策略，在实现销售目标的同时，确保促销策略的连贯性和一致性。这样的规划有助于减少因人员变动带来的策略波动，确保促销活动的稳定性。同时，它也有助于消费者形成对品牌促销活动的记忆，知道在特定时间可以期待哪些类型的优惠，从而培养他们定期关注品牌的习惯。

表 8–1　年度促销规划表

活动类型	活动时间					
	1月	2月	3月	4月	5月	6月
全场买满多少送多少					■	
指定产品六折（针对滞销品）			■			
赠送儿童节礼品						■
其他						

　　此外，年度促销规划的实施还意味着操作的便捷性和效率的提升，这将为促销策划人员提供更多时间和精力。他们可以专注于开发创新的促销策略，不仅仅依赖价格优惠，而是通过更多元化的营销手段来增强品牌吸引力，推动品牌向更高层次发展。这样的策略不仅能够提升促销效果，还能够在竞争激烈的市场中巩固品牌的市场地位，保持品牌的市场竞争力。

第 9 章
免费促销方法论

在探讨促销策略时，我们常常会听到"没有免费的午餐"这一说法，意味着任何形式的促销活动似乎都需要一定的成本。然而，这并非绝对如此。事实上，确实存在一些创新的促销方法，它们可以在不增加显著成本的情况下，有效地吸引顾客并提升销售。这些方法往往依赖于创意和策略，而非仅仅是金钱投入。

在这一章节中，将深入探讨几个成功的免费促销案例。这些案例展示了如何通过巧妙的策划和执行，实现零成本或低成本的营销效果。我们鼓励读者以这些案例为参考，思考如何将这些策略应用到自己的商业实践中，从而在不增加额外开支的情况下，激发潜在客户的购买欲望，提升品牌知名度和市场份额。重要的是，创意和策略是促销活动成功的关键。通过这些免费或低成本的促销方法，我们可以证明，在商业世界中，有时候"免费的午餐"确实存在。

四个免费促销的案例

案例一：买满 500+100 送拉杆箱活动

在设计促销活动时，我们通常会采用买赠策略来刺激消费者增加购买额。

一般情况下，买赠类的促销活动，是买满多少赠送什么东西。但笔者在一次促销活动中策划：顾客在消费满 500 元的基础上，只需额外支付 100 元，就能获得一个价值 499 元的高颜值高品质拉杆箱。这一策略的背后，是基于对以往销售数据的深入研究及分析。我们发现，顾客的平均客单价为 420 元，为了实现销售和利润的整体提升，我们设定了将客单价提高至超过这一平均水平的目标。

通过精心策划，我们确保了促销活动的成本效益。拉杆箱的成本恰好是顾客需要额外支付的 100 元，这意味着从财务角度来看，这次促销活动实际上没有产生额外成本。这样的策略不仅成功地提升了客单价，还为顾客带来了超出预期的价值，从而增强了顾客的购买意愿和品牌忠诚度。通过这种巧妙的促销设计，我们实现了双赢：顾客获得了实惠，而我们的销售业绩和利润也得到了显著提升。

案例二：买 T 恤送新版可乐

在炎炎夏日，一场充满趣味与吸引力的促销活动无疑是商家与消费者共同期待的盛事。我们抓住可口可乐公司推出新包装之际，借助营销，精心策划了一场与可口可乐公司携手的联名促销活动，旨在借助其新包装上市的热潮，实现双方品牌的共赢。具体而言，我们计划在美特斯邦威的全国门店推出一项创新的促销策略，即顾客购买指定 T 恤，即可免费获得可口可乐公司提供的新版小包装可乐。这一策略不仅为顾客带来了额外的价值，也为双方品牌带来了显著的市场曝光和销售增长。

在这次活动中，可口可乐公司负责提供冰柜和可乐，而我们则负责精心设计海报、优化店内陈列，并进行有效的宣传推广。通过这种强强联合的营销模式，不仅成功吸引了消费者的注意力，还实现了双方资源的互补与共享，确保了活动的高效执行和市场反响。

该活动成功的关键在于，我们的策划团队具备敏锐的市场洞察力和丰富的人脉资源，能够及时捕捉合作伙伴的营销动态，并迅速制定出与之相匹配的促销策略。这种策略不仅节省了成本，还极大地提升了促销活动的吸引力和效果，为双方品牌带来了双赢的局面。

案例三：买 T 恤送汽车

在美特斯邦威任职期间，笔者曾策划了一场颇具创意的促销活动——"买 T 恤送汽车"，这个活动标题本身就极具吸引力。在与某汽车制造商洽谈合作时，提出了一个大胆的提议：提供一百辆汽车作为促销礼品。令人惊讶的是，这一提议最终得到了实现。

那么，我们是如何实现的呢？首先，我们需要理解汽车公司的需求。新车型上市时，它们通常需要在全国范围内进行巡展，尤其是商业中心地带，这些地方的展示成本极高，即使是两周的展示，场地租赁费用也可能超过 15 万元，这对汽车公司来说是一笔不小的开支。

其次，我们需要评估自己的资源。我们拥有的是在全国各地核心商圈的上百家大型旗舰店，这些店铺是汽车公司梦寐以求的展示平台。在谈判中，我们明确表示，通过与我们合作，汽车公司不仅可以在这些店铺展示新车，还能借助我们的客户基础进行宣传。想象一下，顾客只需购买一件 79 元的 T 恤，就有机会赢得一辆汽车，这种震撼的促销力度无疑会极大地提升活动的传播效果。

最终，我们没有花费任何成本就获得了一百辆汽车作为促销礼品，而汽车公司也成功地实现了新车上市的宣传目标。这个充满智慧的双赢策略迅速促成了双方的合作。

在现代商业世界中，试听课、体验卡、小样试用等都是常见的联动促销手段。商家通常需要投入资金来分发这些体验券和试用卡。如果有合适的品牌愿意联合促销，不仅能节省成本，还能扩大宣传效果，这样的合作自然令人欣喜。通过这种策略，我们不仅为顾客创造了惊喜，也为品牌间的合作开辟了新的可能性。

案例四："加油中国"踩热点大获成功

2008年，正值奥运年，我们策划了一个名为"加油中国"的促销活动，旨在借助奥运热潮为店铺带来促销效果。活动的核心是推出一系列印有"加油中国"字样的服装。然而，在策划阶段，内部出现了分歧。一方面，有人认为这个创意能够吸引顾客；另一方面，包括笔者在内的一些人则认为直接在服装上印制这样的标语过于直白，可能会影响服装的美观和销售。笔者坚持认为，无论促销策略如何，服装的吸引力始终是基础。

事实证明，这组特别设计的服装上市后，销售情况的确并不理想。两周后，公司决定将这些产品撤下，暂时存放。然而，就在这时，奥运火炬在法国传递过程中遭遇了抢火炬事件，这一事件激发了国人的爱国情绪。我们迅速捕捉到这一社会情绪的变化，决定将所有"加油中国"系列服装重新上架，并紧急生产了一批以"加油中国"为主题的手提袋。同时，我们在橱窗中直接展示"加油中国"的标语，并将所有红色系列商品与这一主题系列放在一起销售。

结果，这一策略产生了意想不到的效果。在短短两周内，原本滞销的"加油中国"系列服装不仅全部售罄，还显著提升了店铺其他商品的销量。这个案例证明了，即使没有价格优惠或赠品，只要在正确的时机推出与社会情绪相契合的概念服装，并通过有效的店铺展示，同样能够取得巨大的成功。这不仅是一次促销的胜利，更是一次对市场敏感度和快速反应能力的考验。

以上几个不需要成本的促销活动，给你带来什么启发？哪个案例带给你的震撼最大？

案例带来的思考

无论是"买满599+100送拉杆箱"的促销策略,还是"买T恤送汽车"的创新活动,都巧妙地结合了损失厌恶心理和鸟笼理论。这些案例展示了如何通过激发消费者对潜在损失的敏感性(损失厌恶心理)以及创造额外需求(鸟笼理论),来推动销售和增加品牌吸引力。在"买满599+100送拉杆箱"的案例中,消费者为了避免错过优惠而进行额外消费,而在"买T恤送汽车"的活动中,高价值的赠品激发了消费者的购买欲望,即使他们原本可能不需要T恤。

损失厌恶心理是行为经济学中的一个概念,由丹尼尔·卡尼曼和阿莫斯·特沃斯基在1979年提出。这一理论指出,人们对损失的厌恶程度通常大于对同等金额收益的喜好程度。换句话说,人们面对同样数量的收益和损失时,会认为损失更加令他们难以忍受,一般来说,同量损失带来的负效应为同量收益正效用的2.5倍。在"买满599+100送拉杆箱"这个案例中,消费者被告知,如果他们支付599元并额外支付100元,就可以获得一个价值更高的拉杆箱。这种促销策略充分利用了消费者的损失厌恶心理。

损失厌恶与期望值:消费者可能会认为,如果不支付额外的100元,他们就会错过一个"免费"获得拉杆箱的机会,这种潜在的损失(错过优惠)会激发他们的购买欲望。尽管实际上,他们可能并不真正需要这个拉杆箱,但为了避免损失,他们可能会选择支付额外的费用。

心理账户:消费者可能会将599元和100元视为两个不同的心理账户。599元可能是他们原本计划用于购买其他商品的预算,而额外的100元则被视为一个单独的支出。这种心理账户的划分使得额外的100元看起来不那么显眼,从而降低了消费者的损失厌恶感。

锚定效应:599元可能是一个锚定点,消费者会以此为基础评估额外支付

100 元的价值。如果他们认为拉杆箱的价值远超过 599 元，那么额外的 100 元就显得微不足道，从而减少了对损失的敏感性。

沉没成本谬误：一旦消费者支付了 599 元，他们可能会因为不愿意放弃已经投入的成本而继续支付额外的 100 元。这种心理使得消费者更倾向于完成整个交易，即使这可能不是最经济的选择。

社会认同：如果消费者看到其他人也在进行同样的购买，他们可能会受到社会认同的影响，认为这是一个普遍接受的行为，从而减轻了对损失的厌恶感。

在促销活动策划时，损失厌恶理论可以作为一种强大的心理工具，帮助企业设计更具吸引力的营销策略。以下是如何运用这一理论的几个策略：

限时优惠：设置限时折扣或促销活动，强调如果不在特定时间内购买，消费者将失去获得折扣的机会。这种策略利用了消费者对错过优惠的恐惧，促使他们在限定时间内做出购买决策。

免费试用与后续购买：提供免费试用或样品，让消费者体验产品。一旦他们习惯了产品，可能会因为不愿意失去这种体验而选择购买完整产品，即使这可能意味着支付更高的价格。

会员制度与积分奖励：通过会员制度，消费者可以通过购买积累积分，积分可以兑换商品或服务。这种策略让消费者感受到积分的"价值"，从而在积分即将过期或兑换门槛即将达成时，更有可能进行额外购买以避免"损失"。

捆绑销售：将产品捆绑销售，让消费者感觉如果不购买整个捆绑包，就会错过某些优惠。这种策略通过创造一种"整体大于部分之和"的感觉，促使消费者为了避免损失而购买更多。

退换货政策：提供无忧退换货服务，减少消费者对购买决策的不确定性和风险。这种策略通过降低消费者的损失风险，增加了他们尝试新产品的可能性。

价格锚定：在展示产品价格时，先展示一个较高的原价，然后显示折扣价。

这种策略利用了消费者对原价的损失厌恶，使得折扣价看起来更具吸引力。

限量发售：推出限量版产品，强调产品的稀缺性。消费者可能会因为担心错过独一无二的购买机会而迅速行动。

预购优惠：为预购客户提供额外优惠，如优先发货、额外赠品等。这种策略利用了消费者对"先到先得"的心理，以及对可能失去优惠的恐惧。

"买T恤送汽车"案例则充分运用了鸟笼理论。与损失厌恶心理相比，鸟笼理论并不是一个严格意义上的科学理论，而是一个用来描述和解释人们在特定情境下可能表现出的行为模式的比喻。鸟笼理论的核心思想是，当一个人拥有一个"鸟笼"（即一个看似需要填充的物品或情境）时，他们可能会感到一种压力，觉得需要"填充"这个鸟笼，即使他们原本并不需要或并不打算这样做。这种现象反映了人们在社会互动中对一致性和完整性的追求，以及对避免浪费资源的心理倾向。在"买T恤送汽车"这个促销活动中，汽车作为"鸟笼"，激发了消费者的购买行为。

创造需求：通过提供汽车这一高价值的赠品，活动创造了一种强烈的需求感。消费者可能会认为，为了获得这辆汽车，他们需要购买T恤，即使他们原本可能不需要这件T恤。

社会影响：这种促销活动在社交媒体和口碑传播中迅速传播，增加了活动的可见度。消费者之间的讨论和分享进一步放大了"鸟笼"效应，使得更多人参与到活动中来。

心理预期：消费者在购买T恤时，可能会产生一种预期，即他们不仅购买了一件商品，还获得了参与赢取汽车的机会。这种预期改变了他们对购买行为的价值评估。

购买行为的转变：活动可能促使那些原本对T恤不感兴趣的消费者进行购买，因为他们被汽车这一额外的"鸟笼"所吸引。这种转变体现了鸟笼理论中，人们为了填补新获得的物品而进行额外消费的现象。

品牌曝光：这种独特的促销活动不仅提高了美特斯邦威的销售额，也显著提升了品牌的知名度和市场影响力。消费者对这种创新的促销方式感到新奇，从而增加了对品牌的关注。

后续效应：活动结束后，那些获得了汽车的幸运消费者可能会继续关注美特斯邦威，因为他们与品牌之间建立了一种积极的联系。这种联系可能会转化为长期的品牌忠诚度。

因此，在促销活动策划中，可以运用鸟笼理论来激发消费者的购买行为，以下是如何运用这一理论的几个策略：

赠品策略：在购买主要产品时，提供与产品相关的赠品，如购买手机赠送手机壳或耳机。这样的赠品就像一个"鸟笼"，消费者可能会为了充分利用这个赠品而购买更多的配件或服务。

捆绑销售：将一个不太需要的商品与热销商品捆绑在一起销售，比如购买电视时捆绑销售遥控器保护套。消费者可能会因为不想浪费这个"鸟笼"而购买额外的商品。

会员服务：提供会员服务，如免费试用、会员专享折扣等，这些服务就像"鸟笼"，吸引消费者为了享受这些服务而进行更多的消费。

限时活动：设置限时抢购活动，比如"前100名购买者赠送限量版礼品"。这种策略创造了一种紧迫感，消费者为了避免错过"鸟笼"（限量礼品），可能会在没有充分考虑的情况下做出购买决策。

产品升级：鼓励消费者升级他们的产品或服务，比如购买更高级的会员套餐或购买更高端的产品版本。这种策略通过展示更高级别的"鸟笼"，激发消费者为了匹配这个"鸟笼"而进行升级。

社交媒体挑战：在社交媒体上发起挑战，要求参与者使用特定的产品或服务，并分享他们的经验。这种策略利用了社交认同感，参与者为了不落后于他人，可能会购买原本不需要的产品。

试用体验：提供免费试用体验，比如健身房的免费体验卡。消费者在体验后可能会因为不想失去这个"鸟笼"（体验）而选择成为付费会员。

运用鸟笼理论时，重要的是要确保提供的"鸟笼"（赠品、服务或体验）与消费者的需求和兴趣相匹配，否则可能会引起消费者的反感。此外，这种策略应该与整体的营销策略和品牌形象保持一致，避免过度推销导致消费者信任度下降。

综上所述，我们不难看出，损失厌恶心理和鸟笼理论都揭示了影响人类决策的心理机制，但它们关注的焦点和实际应用还是存在差异的。损失厌恶心理着重于人们对损失的敏感反应，相反，鸟笼理论则描述了人们在获得某个物品后，为了与之配套而进行额外消费的行为。在促销规划中，理解这两种心理现象有助于设计更有效的营销活动，同时避免可能的负面后果。

共同点如下：

心理影响：两者都涉及心理因素对人类决策的影响。损失厌恶心理强调人们对损失的敏感性，而鸟笼理论描述了人们在获得某个物品后，为了与之配套而进行额外消费的心理。

决策偏差：两者都可能导致非理性的决策。损失厌恶可能导致人们在面对风险时过于保守，而鸟笼理论可能导致人们为了填补已有物品而进行不必要的购买。

差异点如下：

焦点不同：损失厌恶心理关注的是人们对损失的反应，而鸟笼理论关注的是人们在获得某个物品后的行为变化。

应用场景：损失厌恶心理在风险决策、投资、保险等领域有广泛应用，而鸟笼理论更多地用于解释消费行为，尤其是在促销和营销策略中。

行为动因：损失厌恶心理是基于人们对损失的自然厌恶，而鸟笼理论则是基于人们对于完整性和一致性的追求。

因此，在促销规划时使用这两种理论需要注意以下几点：

目标明确：在使用损失厌恶心理时，要明确促销活动的目标是提高销售、清理库存还是提升品牌形象，并据此设计合适的促销策略。

适度促销：避免过度依赖折扣促销，以免长期损害品牌形象。同时，要考虑促销活动对消费者心理的影响，确保促销活动能够吸引目标客户群体。

消费者洞察：在使用鸟笼理论时，要深入了解消费者的需求和心理预期，确保促销活动能够激发消费者的购买欲望，同时避免造成资源浪费。

长期规划：促销活动应与长期品牌战略相一致，避免短期促销对品牌价值造成负面影响。

数据分析：在策划促销活动时，应利用数据分析来评估促销效果，包括销售数据、消费者反馈和市场反应，以便及时调整策略。

总之，损失厌恶心理和鸟笼理论各自提供了洞察人类行为的独特视角，它们在促销策略的制定中都具有潜在的应用价值。然而，为了在促销中充分发挥损失厌恶心理和鸟笼理论的作用，除了必须根据具体的市场环境、目标受众和品牌定位来审慎地应用这些理论外，同时还要确保促销活动的设计与品牌的核心价值和长期发展目标保持一致，然而最最关键的是"限"，为促销活动设置各种形式的限制，如限时、限量、限人、限价、限制次数，这些限制能够有效地刺激消费者的紧迫感，促使他们迅速做出购买决策，减少犹豫，从而提升销售转化率，同时避免企业过度依赖损失厌恶心理和鸟笼理论。

免费促销经典手法

免费促销方法论通过巧妙地利用现有资源和市场动态，实现品牌推广和销售增长，而无须额外或者很低的财务投入，其核心在于创意、资源整合和市场敏感度。首先，促销策划人员需要整合内部和外部资源，包括但不限于产品、服务、渠道和媒体资源，并且评估现有资源，识别可以用于促销的资产，如店铺空间、客户数据库等。其次是通过市场调研和数据分析，了解目标市场的需求和趋势，同时持续关注市场动态，洞察消费者行为和偏好，再次是确保团队成员之间有良好的沟通和协作，建立高效的团队工作流程，确保信息流通顺畅，决策迅速，同时鼓励团队成员提出创意和建议，共同优化促销策略，从而应对市场变化，制订符合市场需求的促销计划，提高促销活动的效率和影响力。以下是对免费促销方法论三大经典手法的总结和优化。

礼品策略

核心：设计具有高性价比的促销礼品，确保礼品既能够吸引目标顾客，又不会过度增加成本。

实施：深入分析顾客需求，选择与品牌定位相符的礼品，同时注重礼品的实用性和独特性。避免盲目跟风，确保礼品能够真正激发消费者的购买意愿。

联合营销

核心：与其他品牌或企业合作，通过资源共享和互补优势，实现双方共赢。

实施：在平时积极建立和维护跨行业联系，积累合作伙伴资源。在促销时，快速响应，与合作伙伴共同策划活动，确保活动内容和形式能够自然融合，实现 1+1>2 的效果。

热点营销

核心：紧跟社会热点，利用时事新闻或流行趋势，引导消费者情绪，促进销售。

实施：对热点进行深入分析，思考热点本身的属性是好是坏？热点是否与自身品牌定位相吻合？热点是否可以调动消费者的消费情绪？从而确保其与品牌形象和价值观相契合，能够调动消费者的情感。同时，要求团队具备高度的市场敏感度和快速反应能力，以便在热点出现时能够迅速行动，抓住营销机遇。

总而言之，免费促销方法论强调的是策略的创新性、资源的高效利用以及对市场变化的敏锐把握。通过这些方法论，企业可以在不增加成本的前提下，有效提升品牌知名度，提高顾客忠诚度，并实现销售目标。

第 10 章
让促销升华的思维

在深入理解促销的多维度价值和策略后,我们应当探索如何将促销活动提升至更高层次,实现品牌与销售的双重飞跃。以下为四个关键要点:

- 永远思考以更高的折扣把货卖出去
- 永远思考以不打折的方式把货卖出去
- 以品牌升级的思维去做促销
- 强化品牌的内容营销

以品牌升级思维去做促销

在促销策略的制定过程中,我们很容易陷入一种惯性思维,即重复过去的做法而不考虑当前的市场状况和消费者需求。这种思维陷阱表现为:去年在某个时期采取了八折促销,今年在相同时期也默认采用相同的折扣策略。但是,如果今年的库存量较大,可能需要更大的折扣力度,比如七折,来刺激销售。很少有人会挑战这种惯性思维,去思考如何在保持利润的同时,通过调整折扣策略来实现更好的销售效果。而以品牌升级的思维去做促销,意味着将促销活动视为推动品牌建设和发展的一部分,而不仅仅是短期销售的推动力。

同时，在面对促销力度不降反升的情况下，传统的直接折扣策略可能会引起消费者的不满。为了应对这一挑战，我们需要采用更高层次的促销思维，即在保持促销预算不变的前提下，通过创新的思维方式提升促销效果。

例如：去年，某公司通过六折促销，将定价 100 元的服装以 60 元的价格出售，为消费者让利 40 元。然而，今年由于种种原因，公司只能提供八折的折扣，这意味着每件服装只能让利 20 元。直接实施这样的折扣，消费者可能会因为促销力度减弱而失去购买兴趣。为了解决这个问题，公司需要转变思维，通过创意思维利用有限的促销预算（假设为 200 万元）来创造更大的市场影响力（如表 10-1 所示）。

表 10-1　促销方案设计思维

活动类型	力度	效果预估	备注
直接打折	八折		
礼品赠品促销	200 万元成本		
广告投放	200 万元成本		
其他			

首先，公司可以考虑将让利转化为礼品，利用 200 万元预算用于采购高品质赠品，我们在确保礼品新颖、富有创意和吸引力的同时，还可以考虑通过联名促销与热门品牌合作，借力当下热门品牌，以此吸引更多顾客关注我们的品牌。促销的本质在于沟通，关键在于吸引消费者的注意力和兴趣。这样的策略不仅能够激发消费者的购买欲望，并且在不降低折扣力度的情况下，增加顾客的获得感。同时还能够通过与知名品牌的合作，增强我们品牌的市场影响力。

其次，公司可以将部分预算投入广告和营销活动中，通过创意广告和社交媒体营销来吸引消费者的注意力。例如，可以制作一系列引人入胜的广告视频，讲述品牌故事，或者在社交媒体上发起互动活动，鼓励消费者分享和参与，以此来提高品牌的曝光率和消费者的参与度。

另外，针对销售周期较长的产品，我们也可以采取另一种策略：将分散的促销费用集中起来，打造一个更具影响力的营销方案。这可能包括加大广告投入，以提高品牌在目标市场的知名度；或者邀请知名人士作为品牌代言人，利用其影响力来吸引潜在顾客；抑或是策划一场特别的营销活动，如限时抢购、主题派对等，以创造独特的购物体验。

采用这种提升品牌思维的促销策略，意味着我们在面临挑战时，不仅要勇敢地迎接，还要不断地实践和提升。作为营销人员，我们应该不断探索新的促销方法，将促销活动与品牌建设相结合，以实现长期的市场竞争力和品牌价值的增长。通过这样的努力，我们不仅能够提升销售业绩，还能够在激烈的市场竞争中脱颖而出，为品牌赢得更广阔的发展空间。

总的来说，以品牌升级的思维做促销需要重点关注以下三个方面的优化和完善。

创新驱动

要点：将创新思维融入促销活动的每一个环节，不断尝试新的营销手段和策略，以适应不断变化的市场环境，并且吸引消费者的注意力并激发他们的好奇心。

优化：鼓励团队跳出传统思维框架，勇于尝试跨界合作、数字化营销、社交媒体互动等新兴领域。通过创新，为顾客提供独特且难忘的购物体验，从而在竞争激烈的市场中脱颖而出。

情感连接

要点：在促销活动中注入情感元素，利用情感营销策略，通过故事讲述来增强品牌与消费者之间的深层次情感联系。促销活动可以围绕品牌故事、创始人背景、产品背后的故事等元素展开，让消费者在购买过程中感受到品牌的温度。

优化：深入了解目标顾客群体的情感需求，设计能够打动人心的促销主题和活动。通过故事化营销、个性化服务等方式，让消费者在购买过程中感受到品牌的温度，提高品牌忠诚度。

数据驱动

要点：利用数据分析来指导促销活动的策划和执行。通过收集和分析顾客行为数据、市场反馈等，不断优化促销策略，确保活动效果最大化。

优化：建立完善的数据收集和分析体系，实时监控促销活动的表现，如顾客参与度、转化率、销售数据等。基于数据分析结果，快速调整策略，实现精准营销，提高促销活动的 ROI（投资回报率）。

通过以上三个要点的实践，促销活动将不再仅仅是短期的销售刺激手段，而是成为品牌长期战略的一部分，有助于构建稳固的市场地位，实现可持续的业务增长。

强化品牌的内容营销

强化品牌的内容营销是一种策略，它通过创造和分发有价值的、相关的、连贯的内容来吸引和留住明确定义的受众，最终驱动盈利性的顾客行动。这种策略的核心在于通过内容创造和分享，保持与消费者的持续沟通，通过社交媒体、电子邮件、客户服务等渠道，传递品牌信息，维护与消费者的联系，建立品牌与消费者之间的信任关系，提升品牌形象，并促进销售。

而出版书籍作为一种独特的内容营销手段，不仅能够显著提升品牌形象，还能有效促进产品销售。通过精心策划和创作，书籍可以成为品牌自我宣传的有力工具，它不仅展示了品牌的核心价值和专业成就，还能够通过故事化的叙述吸引目标受众，激发他们的购买兴趣。这种策略巧妙地将品牌推广与内容创作相结合，通过提供有价值、有深度的信息，建立起品牌与消费者之间的信任和情感联系，从而在竞争激烈的市场中脱颖而出。对于知名企业而言，其效果尤为显著。通过出版书籍，企业不仅能够深入展示其专业知识、行业洞察和品牌理念，显著提升其在行业中的权威性和声望，确立知识领导者的地位，还能够在消费者心中树立起鲜明的品牌形象，增强品牌的认知度和影响力，有效吸引新的受众群体，与潜在客户建立紧密联系，从而拓宽市场边界。这种策略不仅提升了品牌的市场地位，还能够激发消费者的归属感和认同感，从而在无形中促进销售。

以耐克的《鞋狗》、星巴克的《将心注入》和巴塔哥尼亚的《冲浪板上的公司》为例，这些书籍不仅讲述了品牌背后的故事，还传递了品牌的核心价值和创业精神。阅读这些书籍，消费者不仅能够受到启发，还能够加深与品牌的情感联系。笔者个人的体验就是，阅读《鞋狗》后，我对耐克的鞋子产生了更深的情感；《将心注入》让我更加喜爱星巴克的咖啡文化；而《冲浪板上的公司》则让我理解了巴塔哥尼亚品牌的独特魅力。这种通过阅读书籍带来的品牌认知和情感体验，不仅让我成为品牌的忠实粉丝，还激发了自己向周围人推荐这些品牌的热情。这种口碑传播的力量是巨大的，它能够在社交网络迅速扩散，为品牌带来新的顾客和销售增长。因此，出版书籍不仅是一种有效的促销方式，更是一种长远的品牌建设策略。一本内容丰富、见解独到的书籍不仅能够显著提升企业在行业中的声誉，确立其作为知识领导者的地位，而且能够吸引新的受众，与潜在客户建立更深层次的联系，进一步拓展市场和业务。

数字化时代，内容营销的重要性日益凸显，专业的KOL（关键意见领袖）在塑造品牌形象和引导消费者选择方面发挥着关键作用，而视频内容则成为连接品牌与消费者的重要媒介。为了在年青一代消费者心中树立专业且有深度的品牌形象，企业和品牌高质量的视频内容则不可或缺。在中国市场，社交媒体平台如小红书、B站、微博等已成为品牌传播的必争之地。品牌需要在这些平台上建立自己的发声渠道，无论是制作高质量的原创视频内容，还是与行业内的KOL合作，都是企业在数字营销领域发声的有效方式。通过这些策略，品牌不仅能够提升自身的市场竞争力，还能够直接与消费者沟通，传递品牌信息，在目标消费者中建立信任和忠诚度，实现长期的品牌价值增长，从而在竞争激烈的市场中脱颖而出。

THE ART OF
SUCCESSFUL
PROMOTION

第二部分
善用营销理论实施促销

第 11 章
促销中的系统思维与创新策略

促销策划人员在设计高效的促销方案时，必须具备全面的系统思维和创新策略的制定能力。这意味着其需要能够从宏观角度审视市场环境，理解消费者需求，分析竞争对手的动态，并在此基础上，运用创造性的思维来设计出既符合品牌定位又能激发市场活力的促销活动。通过系统化和创新的方法，策划人员能够确保促销方案不仅能够短期内提升销售业绩，还能够在长期内增强品牌的市场影响力和消费者忠诚度。

理解系统思维与创新策略

系统思维是原则性与灵活性有机结合的基本思维方式。只有系统思维，才能抓住整体、抓住要害，才能不失原则地采取灵活有效的方法处置事务。

系统思维是一种综合性的思考方式，它强调整体性和相互关联。在市场营销中，系统思维可以帮助企业从整体上理解市场环境、消费者需求和竞争对手的优势。通过系统思维，企业可以将各个要素进行整合，形成一个完整的市场营销策略。例如，企业可以通过分析市场需求、竞争对手的策略和内部资源，来确定产品定位、目标市场和营销渠道。

创新策略是移动互联网时代促销的关键要素之一。随着市场的不断变化和消费者需求的不断改变，企业需要不断提供新的产品和服务来满足市场需求，从而帮助企业在竞争激烈的市场中脱颖而出，赢得消费者的青睐。

系统思维和创新策略是相辅相成的。系统思维可以帮助企业理解市场环境和消费者需求，而创新策略可以帮助企业提供新的产品和服务来满足这些需求。通过将系统思维和创新策略结合，企业可以在市场中取得竞争优势。

"5W2H 分析法"的实际应用

促销方案如何更好地进行系统思考和实施创新策略？我们可以灵活运用"5W2H 分析法"。

"5W2H 分析法"又称七问分析法，它因简单、方便、实用、易于理解且有助于弥补考虑问题的疏漏而广泛用于企业管理和技术活动。我国著名教育家陶行知曾有感而发地写过一首名为《5W2H 法》的小诗：

我有几位好朋友，曾把万事指导我。
你若想问其姓名，名字不同都姓何。
何事何故何人何时何地何去，好像弟弟和哥哥。
还有一个西洋派，姓名颠倒叫几何。
若向七贤常请教，即使笨人不会错。

"5W2H 分析法"的具体含义如下：

（1）Why：为何——为什么要如此做？

（2）What：何事——做什么？准备什么？

（3）Where：何处——在何处着手进行最好？

（4）When：何时——什么时候开始？什么时候完成？

（5）Who：何人——谁去做？

（6）How：如何——如何做？

（7）How much：何价——成本如何？达到怎样的效果？

该方法包含了品牌从战略（Who，Why）到策略（What，When，Where）直至战术（How）的完整运作系统，在加上另一个 H—How Much（多少）即品牌预算，实际就是一个完整的促销运作全案。策划促销方案时从 5W2H 来思考，有助于思路的条理化，杜绝盲目性。

下面我们通过两个案例，来学习、理解"5W2H 分析法"系统思维结合创新策略在促销活动中的实际应用。

案例一：AKCLUB 重庆北城天街店开业

AKCLUB 是由热爱军装文化、研究工艺与面料的团队创建，以第二次世界大战（以下简称二战）时期老军装为灵感来源的设计师品牌。

为了打响进军重庆市场的第一枪，2017 年 7 月 15 日，AKCLUB 重庆北城天街品牌概念店开业时，费尽心思找到二战时期的战机和价值 200 万元、具有 70 多年历史的"飞虎队"皮衣，推出了一个大动作——"七日战机湮灭"展。

如果说驾驶战斗机是每一个男孩儿时的梦想，那么，飞行员夹克，就是硬派、血性的代表，是无数男人的梦想。飞行员夹克款式历久弥新，品质保暖可靠，是男人衣柜里必不可少的款式。AKCLUB 用对话的理念，将老军装这一男装文化的瑰宝与品牌人文精神相结合，在呈现现代硬派男装风采的同时，通过向开放、包容、充满激情的老军装文化致敬，向睿智、思辨、敢于创新的人文精神致敬的展览，诠释了老军装对时代精神的延续。

如此霸气的营销战，为 AKCLUB 拓展实体店打下了很好的铺垫。成功进驻重庆后，上海新天地、来福士、久光百货、杭州国大等顶级渠道陆续现出 AKCLUB 的身影。

我们用"5W2H 分析法"来拆解 AKCLUB 重庆北城天街店的营销活动，或许会受到一些启发（如表 11-1 所示）。

表 11-1　AKCLUB 重庆北城天街店的 "5W2H"

序号	思考维度	细化内容
1	Why：为何——为什么要如此做？（策划目的）	・塑造品牌调性：经典/军旅/硬汉 ・扩大品牌影响力：打造第一硬派男装 ・打响进军重庆市场第一枪 ・线下概念店推广实验
2	What：何事——做什么？准备什么？（主题内容）	・品牌军旅文化与重庆当地文化的结合 ・塑造具有鲜明风格定位和主题特色的门店，未来的商场，作为人们生活和社交的空间，它的场景必然是多样化的，而有品牌个性和主题特色的门店，较之中规中矩、标准化的门店空间更具竞争力 ・主题名："黑霸道"，重庆本地话，很厉害 ・活动内容：拆架飞机造个店 + 老军装展 ・启用重庆"棒棒军"负责飞机拆解的搬运工作
3	Where：何处——在何处着手进行最好？（活动地点）	・重庆北城新街，作为重庆商圈的两大山脉之一，是重庆的王牌项目，作为龙湖商业梦开始的地方，也是全国第一个天街系项目 ・日均客流 10 万人次、单日最高客流超过 20 万人次，是重庆日均客流密度最高的购物中心 ・定位为时尚潮流的高端品牌，适合有追求的年轻人
4	When：何时——什么时候开始？什么时候完成？（活动时间）	・2017 年 7 月 15 日重庆北城天街店开业，以此为时间节点进行相应工作安排
5	Who：何人——谁去做？（活动责任人）	・不仅仅是一家普通店铺的开业，而是借由第一家概念店的开业进行品牌形象及调性的全面塑造，涉及品牌运营管理等多个部门多个方面的事情，由 CEO 直接牵头，品牌总监负责项目实施运营
6	How：如何——如何做？（活动细化方案）	・活动主题：AKCLUB，这才是"黑霸道"——"七日战机湮灭"大展；一架战机"降落"重庆北城天街。AKCLUB 历时七月，行程万里，大手笔收购的原型来自二战战机的初教 -6。机械绘画师历时 3 天 72 小时，将丰胸长腿、紧致肌肤的 Pin-up Girl 绘制在飞机机身上；7 月 3 日将在重庆北城天街大胆拆解二战战机，画完就拆。结构拆解完毕后，这架战机将于 7 月 15 日，在正式开业的 AKCLUB 店铺开始它的第二次"生命" ・一半衣服只能看不能买，在正式开业盛大揭幕之前，以二战老军装为灵感来源的 AKCLUB 率先在店铺内举办老军装展，其中包含一件价值 200 万元的二战时期"飞虎队"皮衣 ・品牌代言人尼可拉新一季《权利的游戏》开播
7	How much：何价——成本如何？达到怎样的效果？（活动预算及效果预估）	・奠定 AKCLUB 第一硬派男装的地位 ・助推 AKCLUB 线下迅速发展 ・获得包括甲方及客户、消费者等多方面对 AKCLUB 品牌的高度认同感 * 说明：成本部分因涉及公司内部运营，此处不做详细分析

案例二：林栖马面裙登陆武康路 LOOKNOW

为重现马面裙的千年荣光，2023年10月20日，被时尚界称为"马面裙第一专家"的设计师林栖，于上海潮流圣地 LOOKNOW 打造了一场为期15天的"百年文化马面裙"时尚特展。本次活动以"我们的马面裙"为主题，以"把马面裙穿进生活"为创意，跨界玩出中华审美的新高度，奏响国潮新乐章。

作为中国传统的一份子，马面裙已经有上千年的历史，上至宫廷贵族下至平民百姓，几乎每个女子都会穿着。但在现代服饰制度的冲击下，其身影正逐渐消失在大众的视野中。

马面裙作为传统服饰的集大成者、民族骄傲的时尚单品，不应就此没落，因此，赋予传统马面裙新风采和新定义，成为传统服饰文化传承者的使命。

作为传统服饰文化的传承者以及生活在左的品牌创始人，自品牌成立之初，林栖就一直致力于传统服饰及马面裙的传承和创新，其愿景是成为最具传承精神的文化奢侈品牌，其使命是通过对传统手工、文化的研究与再创造，带给人们美好、自信、温暖和力量。秉承此一精神内核，林栖以工匠精神打磨产品、以战略定力坚定初心、以审美视觉驱动创新、构建中国美学文化体系的理念，在复刻传统非遗马面裙的同时，尝试将传统的编、钩、印、染、绣等技艺融入马面裙中，并结合现代人穿着及搭配习惯，创作出属于这个时代的林栖马面裙。

我们用"5W2H分析法"来拆解林栖马面裙与 LOOKNOW 的跨界营销活动，或许会受到一些启发（如表11-2所示）。

表 11-2　林栖马面裙与 LOOKNOW 跨界营销的"5W2H"

序号	思考维度	细化内容
1	Why：为何——为什么要如此做？（策划目的）	品牌文化输出：传递林栖马面裙中华美学 树立品牌形象吸引消费人群 个人 IP 打造：林栖创始人 IP 打造，塑造中华文化服饰精神领袖、马面裙第一专家 马面裙产品传播：马面裙重新走进生活，人人都应该有条林栖马面裙 线下概念店推广实验：摸索林栖马面裙线下店模式（商圈、产品、陈列、服务等）
2	What：何事——做什么？准备什么？（主题内容）	活动主题：我们的马面裙 ·我们的骄傲：中华千年服装之美 历经 1000 余年辗转朝代流变，堪称传统服饰中具有历史文化沉淀的集大成者，不仅是我们所引以为傲的中华时尚代表之一，更是不可磨灭的文化根源 ·我们的使命：让千年文化再重生；时代变化使隆重的马面裙仅停留于博物馆，或流转在电视剧及电影中，它的身影逐渐消失在日常生活中，致使我们淡忘肩负弘扬文化的责任 ·征服世界的时尚单品 不管是 18 世纪席卷西方的"中国热"，或是前不久的"文化挪用"，马面裙一直让西方设计师频频惊叹其精美，甚至作为设计灵感及时尚模仿之一 ·与时偕行的纹样革新 传统马面裙结合现代创新设计，更多样化的新中式款式不断诞生。融入未来感、多元时尚、环保等理念，将中国美学与时尚演绎，推向新的高度
3	Where：何处——于何处着手进行最好？（活动地点）	上海潮流圣地 LOOKNOW 上海是时代和历史碰撞的城市，也是最有时尚话语权的城市之一，她自带着独有的海派文化沉淀和活力时尚属性，包容的人文环境，滋养着许多新潮先锋，马面裙的文化重生之路，需要这样一块土壤，用融汇中华文化、语言、记忆符号的马面裙，走进这座东西方融合的城市，让更多的朋友了解中国传统的文化之美，为马面裙发声
4	When：何时——什么时候开始？什么时候完成？（活动时间）	快闪店：2023 年 10 月 20 日~11 月 2 日，以此为时间节点进行相应工作安排 预热期：10 月 13 日~15 日，普及马面裙历史背景与时尚新潮，提前透露活动提高大众参与兴趣 爆发期：10 月 16 日~30 日 媒体达人参与活动现场打卡体验，吸引更多达人与感兴趣者前往现场 续热期：10 月 31 日~11 月 9 日 借助活动整体影响力，深度带出品牌与产品传承精神与文化价值
5	Who：何人——谁去做？（活动责任人）	作为线下运营的第一次探索及尝试，涉及从产品组合、陈列搭配、品牌营销、零售运营、线上线下联动等多个方面多个部门的事情，由林栖直接牵头，PD 负责项目运营实施

续表

序号	思考维度	细化内容
6	How：如何——如何做？（活动细化方案）	**林栖马面裙：旧物—新未来** · 林栖作为过去的传承人、现在的守护者、未来的引路人，打造一场从潮流泛人群到品牌人群的立体化营销战役，通过跨界借势让马面裙融入生活、让品牌走近消费者、让林栖破界出圈 · 文化传承从来都不是后知后觉，而是我们从心底油然而生的自知与自觉，一场活动打破厚重马面裙走进日常生活瓶颈 　从文化历史科普，到日常生活场景与多元时尚交会，将凝固的历史带到身边，共同将其穿成生活主流派 **活动主题：我们的马面裙** · 古董马面裙展览 　收藏的古董马面裙，不同的时间会有不同的工艺，不同的颜色表现对场合、身份以及意义的差异，它是一个时代、一个民族、一个社会现状所发生的真实事件，是人文、艺术、宗教所呈现的一个体现 · 把马面裙穿进生活 　提供彰显现代气息的时尚搭配供消费者选购。结合全新潮流玩法传播马面裙文化，让古老马面裙日常化，带动更多人乐意购买林栖马面裙，并进行更好的文化保护，将林栖打造成中华服饰传承人，中华传统审美才是真正的美 · 明星/KOL达人探店 　以林栖马面裙非遗传承为蓝本，携手上海网红打卡店武康路LOOKNOW，打造国风潮流据点 · 马面裙特色礼品：打造专属古今盛宴的马面裙礼盒，含马面裙时尚拎袋、独特的马面裙折纸相框以及马面裙晴天娃娃
7	How much：何价——成本如何？达到怎样的效果？（活动预算及效果预估）	· 提高林栖马面裙的知名度及影响力 · 奠定林栖马面裙第一专家的地位 · 助推林栖马面裙线上线下联动模式的探索与发展 · 获取更多来自市场及消费者等对林栖马面裙的认同感 * 说明：成本部分因涉及公司内部运营，此处不做详细分析

由以上分析我们不难发现，"5W2H分析法"以提问的方式来判断信息，抓住要点，整合有限的资源。善用"5W2H分析法"可帮助我们对要解决的问题提出完整的询问，以便清晰地界定问题并提出解决方案。诚如前福特汽车CEO唐诺·彼得森所言"多问一些对的问题，就不必花费许多力气去找寻所有的答案"（如表11-3所示）。

表 11-3　善用"5W2H 分析法"找到"对的问题"和创新策略

序号	活动属性	5W2H	对的问题	创新策略
1	策划目的	Why 为何	·为什么要这么做？ ·必须做吗？	取消不必要的内容
2	主题内容	What 何事	·做什么？准备什么？ ·哪些是必做的？哪些是可做可不做的？	
3	活动地点	Where 何处	·于何处着手进行最好？ ·自有渠道/外部渠道/合作方式？	找到最合适的时间、地点和人
4	活动时间	When 何时	·什么时候开始？什么时候完成？ ·是最佳时间吗？	
5	活动责任人	Who 何人	·谁去做？ ·项目负责人、各模块执行人	
6	活动细化方案	How 如何	·如何做？ ·这是最佳方案吗？是否有其他办法？	寻找最佳解决方案
7	活动预算及效果预估	How much 何价	·成本如何？达到怎样的效果？ ·有没有优化的空间？	寻求性价比最高

第 12 章
促销中的 USP 理论运用

促销时建立产品"独特的销售主张"（即 USP 理论，Unique Selling Proposition），是指找到你的产品或服务的不同之处，然后将其转化为你的卖点，与消费者建立情感联系，让产品和服务在市场上具有竞争优势，并建立品牌价值。

USP 理论由美国广告大师罗塞·瑞夫斯在 20 世纪 50 年代首创，他当时是美国 Ted Bates 广告公司董事长，并较早地意识到广告必须引发消费者的认同。从某个角度来说，USP 理论是广告发展历史上最早提出的一个具有广泛深远影响的广告创意理论，它的意思可以理解为：一个广告中必须包含一个向消费者提出的销售主张，独特的销售主张，即独特卖点，找出产品独具的特点，然后以足够强大的声音说出来，而且要不断地强调（如表 12-1 所示）。

表 12-1 USP 理论提炼与评估

	USP 理论提炼路径
1	从具体产品特色角度出发
2	从利益、解决问题或需求的角度出发
3	从特定场合角度出发
4	从使用者类型角度出发
5	从对抗另一产品的角度出发
6	从产品类别游离角度出发

续表

USP 理论提炼方法	
获取	收集各种产品原始资料
识别	产品责任/层次/需求/问题/机会
界定	选择提炼的可选路径
分离	从不同路径导出 USP
评估	基本评估和比较评估
调整	按细分要求修正
确立	确立 USP
USP 理论基本评估	
逆向思维	用客户需求来发掘产品固有的价值点
盯住目标	符合其目标，立足足够规模的细分市场提炼
照准竞品	照准竞品，在吸引眼球层面取得比较优势
系统协调	将单一产品 USP 建立在整个品牌产品 USP 之中
坚持不懈	基本评估和比较评估
效用根本	产品概念必须对应用环境具有一定的持久性

USP 实际应用及案例分享

大多数人觉得 USP 理论已经过时，并常常将其与定位理论相比较。但笔者认为定位理论更偏向于战略工具，而 USP 理论是重要且实用的策略工具。USP 理论运用得当，可以帮助品牌在与消费者进行促销活动沟通时，找到自己的独特销售主张。在产品高度同质化的今天，怎样提炼产品独特的销售主张？

（1）我们为什么要做促销？实施促销之后，希望达成什么样的效果？通过促销让消费者做什么？想什么？

（2）品牌"对话"的主要对象是谁？我们对他们有哪些洞察？

（3）品牌的 USP 是什么？促销产品的 USP 是什么？两者之间存在哪些共同性与差异性？

（4）USP 的支持点是什么？为什么消费者会选择相信它？

（5）灵感促进（品牌个性或主张的真正动人之处）是什么？（从附加材料和刺激物中寻找）。

（6）控制（即品牌个性或主张、客户、法律等限定因素的不可动摇之处）什么？

（7）可以通过哪些手段让这个创意变得活跃起来甚至让人惊奇？投入产出如何？

下面我们通过一个案例，来了解如何通过 USP 理论找到并实施具有独特卖点的产品促销。

UOOYAA 富人"装穷"系列老棉袄

原创设计师品牌 UOOYAA 正式成立于 2014 年 4 月，真实、有趣、爱自由、富有冒险精神是 UOOYAA 的品牌态度，设计团队希望通过每一件衣服，把这种精神分享给每一个有着 UOOYAA 态度的人。

UOOYAA 从一开始就明确了品牌态度的灵魂地位，围绕产品、营销、服务、视觉等全方位精心打造以品牌态度为最高宪法的运营系统，将个性化的产品需求和商业运营完美结合。如果将品牌比拟成人格，UOOYAA 是一个"真实、有趣的时髦大妞"。自品牌创立以来，推出了一系列和年轻消费者能产生共鸣的设计，比如文化宫系列、唐人街系列、跨界奥特曼系列、城市猎人系列，在竞争对手如林的市场中占据了一席之地。2019 年，UOOYAA 决定加大对冬季产品的推广，希望将老棉袄塑造为 UOOYAA 乌丫品牌的冬季王牌产品。

根据百度百科的解释，棉袄是一种在冬季穿用的具有很强保暖作用的上衣，这种服装一共有三层，最外一层叫面子，主要是用一些较厚的颜色鲜艳或有花纹的布料；中间一层是具有很强保暖作用的棉花；最里一层叫里子，一般采用比较轻薄的布料。简单来说，棉袄就是絮了棉花的上衣。在大家的普遍认知里，棉袄大红大绿、乡土气息浓厚，被贴上了"乡土""俗气"等诸多标签。在此背景下，UOOYAA 老棉袄系列在进行促销推广时塑造出自己独特的价值主张，突出重围，破圈就显得尤为重要。首先，在进行老棉袄促销推广策划时围绕 UOOYAA 乌丫品牌调性及态度来回答以下问题（如表 12-2 所示）。

表 12-2　UOOYAA 乌丫品牌调性及态度的分析

问题	分析
（1）我们为什么要做促销？实施促销之后，我们希望达成什么样的效果？通过促销让消费者做什么？想什么？	把冬季棉袄打造成 UOOYAA 主打的王牌特色产品 ·希望大家一提起棉袄就想到 UOOYAA 乌丫，提起 UOOYAA 乌丫时，会觉得这个品牌是有内涵的，有趣的
（2）品牌"对话"的主要对象是谁？我们对他们有哪些洞察？	有趣好玩的时髦大妞 ·对设计、时尚会更有要求，她们对时髦的接受度远超我们的想象 ·会寻求新鲜有趣好玩的体验，愿意尝新 ·会追问原创、个性及品牌背后的意义
（3）品牌的 USP 是什么？促销产品的 USP 是什么？两者之间存在哪些共同性与差异性？	UOOYAA 乌丫的 USP 是真实、有趣、时髦，棉袄产品的 USP 是有趣、时髦，两者相互依托，产品 USP 更聚焦产品本身，而品牌 USP 的塑造不仅仅局限于产品，还有店铺形象、促销活动等多方面内容
（4）USP 的支持点是什么？为什么消费者会选择相信它？	在对时尚的理解、对潮流的接受度以及对设计师的宽容度上，中国市场可能是全世界最好的一个市场
（5）灵感促进（品牌个性或主张的真正动人之处）是什么？（从附加材料和刺激物中寻找）	通过产品去表达品牌真实有趣的态度，用来源于当下中国文化的元素，呈现很中国的设计，这就是品牌的真实
（6）控制（即品牌个性或主张、客户、法律等限定因素的不可动摇之处）什么？	基于中国文化的元素提取及价值主张，寻求现代化的时尚表达
（7）可以通过哪些手段让这个创意变得活跃起来甚至让人惊奇？投入产出如何？	主题海报的氛围营造（传统与现代／传承与创新） ·2019 年 10 月 31 日播出的奇葩说第六季·年纪轻轻"精致穷"有错吗？"精致穷"这个说法看似是个伪命题，但是放在身上还背着个隐形贫困人口标签的当代年轻人身上立马成立了，每月靠花呗和借呗过精致生活的他们就是这个伪命题最真实的写照。恰恰跟他们相反的是一群明明很有钱却低调到隐形的富人，爱搞事儿的 UOOYAA 乌丫决定为这些以降低存在感为行为准则的富人们出出主意，用千禧年前代表"真穷"的老棉袄玩一把富人"装穷"系列 ·KOL、明星穿搭

通过以上分析，我们就可以来完成 UOOYAA 乌丫老棉袄系列的 USP 提炼（如表 12-3 所示）。

表 12-3　UOOYAA 乌丫老棉袄系列的 USP

UOOYAA 乌丫老棉袄系列		
老棉袄还得看 UOOYAA 乌丫——在细碎的美好里感受生活的温度		
U 独一无二的／独特的	S 销售	P 主张／陈述
契合当下社会背景的消费者实际需求的产品创新： ·西式设计：拼接、现代工艺：水洗 ·廓形的创新：衬衫式、收腰 ·填充物的创新：羽绒 ·面料的创新：丝绒、灯芯绒、牛仔布、防风布 ·图案的创新：格纹、怪兽等 ·时尚配搭：潮流配饰、墨镜、鸭舌帽、运动鞋、高帮靴	老棉袄系列产品的外观与竞品与以往印象中的老棉袄形成绝对差异： ·中式元素、西式设计、时尚搭配	·中国文化元素的时尚表达以及符合当下的文化价值诉求 ·用趣味的形式结合当下社会的主流讨论话题

UOOYAA 乌丫老棉袄系列，在设计上保留了那个年代老棉袄的经典细节，同时增加了更贴合当下审美的新元素，让过惯了精致穷的时髦精们再体验一把"装穷"带来的"土酷"。

家家户户自己做的老棉袄从一开始还有区别，穿到最后都变成同款补丁棉袄，慢慢地，大大小小的补丁和褪色感逐渐成为记忆标识。想要把新式老棉袄穿回那个年代的记忆，特殊水洗工艺和补丁感拼布设计呈现出的做旧感一定能满足你的复古腔调。在传统款式的基础上再结合更适用当下的廓形，保留一些经典的设计细节瞬间就体现出经典中国文化元素。一个系列的推广成功一定是持续的、不断创新的，因此，UOOYAA 乌丫老棉袄系列每年都会结合当季产品主题不断推陈出新。

USP 理论不仅仅用在产品／服务方面，其应用范围非常广，简单来说，作为一个策略工具，"万物皆可 USP"，其中最典型的案例就是山东淄博，靠烧烤爆火，一夜之间成为网红城市。

作为一个山东老牌的工业城市，淄博或许没想到自己有一天会因为烧烤而爆火，进而带动原先对 GDP 贡献相对较小的旅游经济。2023 年，山东淄博烧烤凭借"烤炉＋小饼＋蘸料"的灵魂"三件套"火热出圈，淄博也因为这一特色美食文化IP，成为新晋网红城市。据人民网报道，2023年"五一"假期，淄博各大旅游景点吸引来自全国各地的游客逾12万人次，创下了近十年来的客流量最高记录。另据2023年5月4日发布的《2023"五一"游玩井喷数据报告》，"五一"假期期间，淄博旅游业消费额环比增长73%，游客在淄博本地中小商户日均消费金额环比增长近40%。

中国的烧烤文化可以追溯到远古时代，据史书记载，早在商朝就有了烧烤文化的雏形。《诗经》中也有关于"为炙为脍"的描述，这里的"炙"就是指烤肉。在汉代，烤肉是宫廷盛宴上的一道美食，后来随着时间的推移，烧烤逐渐走进民间，成为百姓的日常饮食。如今，烧烤已经成为中国民间最受欢迎的美食之一，无论是在街头巷尾、餐厅酒店还是夜市摊位上，都能够看到人们享受着烧烤带来的美味和快乐。

作为2023年新晋的网红顶流——"淄博烧烤"是如何突出重围，我们结合以下问题来分析（如表12-4所示）。

表12-4 "淄博烧烤"突出重围的分析

问题	分析
（1）我们为什么要做促销？实施促销之后，我们希望达成什么样的效果？通过促销让消费者做什么？想什么？	**打造网红城市，提升城市GDP** ·以烧烤为切入点，用"品牌思维"打造城市名片
（2）品牌"对话"的主要对象是谁？我们对他们有哪些洞察？	以疫情期间的山大学生到淄博隔离为起点，吸引年轻人的关注，并通过内容分享及花式传播打造流量，吸引更多消费者的目光，据抖音数据显示，"淄博烧烤"相关热门话题的视频互动中，18~40岁人群占比最多（76.13%），这类人群关注价格、体验、社交感
（3）品牌的USP是什么？促销产品的USP是什么？两者之间存在哪些共性与差异性？	灵魂三件套"烤炉、小饼、大葱"配上"一烤、一撒、一撸"的仪式感吃法，在烧烤圈里形成特色差异化，抢占消费者心智

第 12 章　促销中的 USP 理论运用

续表

问题	分析
（4）USP 的支持点是什么？为什么消费者会选择相信它？	移动互联网时代，消费者价值观取向、情感性判断、娱乐性分享。故事起源：疫情期间山东大学疫情暴发，有七八千名学生被分配到山东淄博隔离，期间，淄博政府耐心照顾，准备丰富隔离餐，真正体现了"山东热情好客"的优良传统，结束隔离后，政府写下"凡我在处，便是山大，待你来时，这就是家"，并在全城烧烤店为学生践行。疫情解封后"大学生组团到淄博吃烧烤"以 2.2 亿次播放登上抖音热搜
（5）灵感促进（品牌个性或主张的真正动人之处）是什么？（从附加材料和刺激物中寻找）	**强大的群众基础和深厚的市场底蕴** ·据 2022 中国烧烤行业消费发展报告数据显示，2021 年烧烤总线上消费同比涨幅为 48.3%，烧烤被称为夜间餐饮消费的热门品类，而烧烤产业目前处于多元竞争和高度分散的红海市场格局，还没有出现头部烧烤品牌，这为淄博烧烤的出圈提供了良好的市场发展基础
（6）控制（即品牌个性或主张、客户、法律等限定因素的不可动摇之处）什么？	**城市经济发展的需要，政府整体规划、配套支持，配合媒介化推广** ·初期，暖心故事"大学生心怀感恩组团坐高铁去淄博撸串"通过媒体进入大众视野，随后，一批美食博主奔赴打卡争晒抖音视频，网红博主们详细发布了"淄博烧烤的正确吃法"。由此进一步引发人们关注：为什么吃烧烤要去淄博？"淄博烧烤"怎样吃更嗨、更有趣？ ·随后，淄博市政府及有关部门积极回应社会关切，专门召开新闻发布会，向社会介绍"淄博烧烤"美食品牌有关情况，推出一批"淄博烧烤+"特色文旅主题产品，制定发布"烧烤地图""公交专线""教吃视频"等系列鼓励措施。4 月 8 日，有打假网红大 V 现身说法：通过随机挑选测评，淄博 10 家商户无一缺斤少两，这一实地验证成为惊喜网络的重锤，随着好评如潮舆论引爆 ·在此之后，国内重量级媒体（如新华社等）纷纷点赞关注，影响力进一步延伸到海外
（7）可以通过哪些手段让这个创意变得活跃起来甚至让人惊奇？投入产出如何？	借助短视频平台流量大、传播快的特性，通过明星、网红博主、普通大众的自来水传播扩大淄博烧烤的知名度及影响力。在社交平台上，从明星、网红博到普通大众，都是山东淄博的"自来水"，2023 年 3 月，27 个微博热搜、18 个抖音热搜（最高播放量为 46.9 亿次），淄博烧烤几乎每天都挂在热搜上，连新华社都直播沉浸式打卡淄博

通过以上分析，我们就可以来完成新晋网红顶流——"淄博烧烤"的 USP 提炼（如表 12-5 所示）。

综上所述，我们不难发现，USP 主要是通过独特的销售主张的传播与沟通，使产品及其促销内容具有了区别于竞争者的独特属性，从而实现差异化。差异化的信息诉求是建立在差异的产品基础上，包括产品的核心差异、产品形体的差异以及产品附加的差异，所以可以利用人们认知的心理特点，在促销沟通中宣传产品独具的特征以及利益，使消费者注意、记住并对其所提供的利益产生兴趣，从而促成其购买决策。

表 12-5　新晋网红顶流——"淄博烧烤"的 USP

新晋网红顶流——"淄博烧烤"		
U 独一无二的／独特的	S 销售	P 主张／陈述
产品属性：灵魂三件套 ·"烤炉、小饼、大葱"配上"一烤、一撒、一撸"的仪式感吃法； ·社交属性：围坐在一张小桌前，每桌都配有一个小火炉，自己动手烤制各种肉串、菜串，边吃边聊天	强调淄博烧烤的仪式感和社交属性 ·打造现代烧烤 ·"齐地 TACO"，用加热后的小饼蘸上蘸料，放上小葱，再夹上肉串，形成一个类似墨西哥 TACO 的食物	品牌化运作 ·挖掘城市品牌内核，讲述城市文化故事，以淄博烧烤为借力点，充分挖掘淄博资源优势，赋予城市文化更丰富的故事内核，从老百姓日常生活点滴出发，运用新媒体工具，讲述城市品牌故事，塑造城市品牌核心文化价值，与消费者形成情感互动

无论是 B2B 还是 B2C，一个成功的 USP 必须保持以下三个要素的平衡：

- 独特性。在市场上突出差异优势，建立品牌特色，使消费者认知到唯一卖点。你的产品必须与竞争对手有所区别，以此来吸引顾客。

- 利益承诺。强调产品有哪些具体的特殊功效和能给消费者提供哪些实际利益，并且通过清晰的内容信息的传达，赢得顾客的信任。

- 强而有力。USP 要做到概念集中，且是消费者很关注的，并且品牌要为消费者提供高质量的支持服务，包括售前和售后服务。

USP 六步工作法

在实际运用中，我们可以通过六步工作法，来创建属于自己品牌／产品／服务的 USP。

第一步：清晰地了解什么是 USP。

USP 可以让你在拥挤的市场中脱颖而出，因此，你的 USP 需要回答以下这个问题——

"我为什么要向你购买？"

第二步：了解 USP 的要素是什么？

了解 USP 的要素是：显著的、定向的、情感导向的。

第三步：了解您的目标市场。

包括以下研究性工作：研究其人口统计，在经常会出现的地方观察他们，让他们参与对话，记下你所看到所听到的一切，根据你所在市场的特点，画出"真实"人物的画像等。

第四步：监控您的竞争对手。

为每位竞争对手起草一份"成绩单"，其包括研究竞争对手的产品、营销方法，他们的客户对他们的感觉如何，他们如何对待客户？

第五步：创造令人震撼的产品。

研究你所有收集到的信息及资料（市场／消费者／竞争对手），做出是否需要改进现有产品的决定，并确定目标市场定位。

第六步：创建 USP。

进行头脑风暴，使其 USP 简明扼要。在正式推广前进行测试并收集各方面反馈意见（内部／外部）。

值得注意的是，提炼 USP 时须遵循以下几个原则：

（1）并非所有的产品和促销活动都需要进行 USP 理论；

（2）认识 USP 理论的本质，找到掌控 USP 理论的方向性；

（3）先要有基本的营销决策，而后再进行 USP 的提炼。

第 13 章
促销沟通品牌形象塑造之注意力法则

很多促销活动策划,往往只关注促销活动对销售的提升作用,而忽略了最重要的一点——促销是与消费者沟通,目的是在消费者心目中树立独特的品牌形象及态度,占领消费者心智,让非价格因素在消费者购买决策过程中占据主导地位。

品牌形象是指某个品牌/产品在消费者心目中所形成的有别于其他品牌/产品的个性化特征。在当下这个消费者会追问品牌内在文化价值主张的时代,品牌形象在很大程度上会影响消费者的购买意愿。但品牌形象的建立是一个长期的过程,非一朝一夕可以实现。塑造品牌形象有以下几个原则需要遵循:

第一,为塑造品牌形象服务是促销活动最主要的目标。促销活动的主要目的是力求塑造独特的、健康且良性发展的品牌形象。从长远来看,促销活动必须尽力维护好品牌形象,而不是以牺牲品牌形象追求短期效益为诉求重点。

第二,随着同类产品差异越来越小的现状,消费者选择品牌时的理性决策也在递减,因此,塑造独特的品牌形象要比单纯强调产品的具体功能特征更为重要。

第三,消费者购买时所追求的是"实质利益+心理利益",对高单价产品的消费群体来说,促销活动尤其应该运用品牌形象塑造来满足其心理需求。

"注意力经济"的起源和特点

品牌/产品要塑造独特的品牌形象，就需要把握"注意力经济"法则，通过持续的吻合品牌定位的促销活动，提供有趣的沟通内容，例如：创意的视觉表现、别具一格的互动方式，让消费者对品牌产生兴趣并最终实现购买。

"注意力经济"是伴随移动互联网发展而出现的一个新名词。注意力经济也被称为"眼球经济"，指的是企业最大限度地吸引用户或消费者的注意力，通过培养潜在的消费群体，以期获得商业利益的一种特殊的经济模式。这一概念最早由美国学者迈克尔·戈德海伯于1997年在名为《注意力购买者》的文章中提出。事实上，在更早的20世纪70年代，诺贝尔经济学奖得主赫伯特·西蒙就已指出："在如今这种信息高速发展的时代中，注意力的价值将会超过信息本身。"综上所述，"注意力"可以定义为"人们关注一个主题、一个事件、一种行为和多种信息的持久尺度"。品牌/产品如何延长用户的使用时长，使用户的注意力更多的集中在自己身上，成为一个至关重要的议题。

在数字化时代，"注意力经济"已经逐渐成为一个核心词汇。它的基本观点是，随着信息的爆炸式增长，人们的注意力成为一种稀缺资源，社交媒体、电商平台、品牌商与广告商、新闻资讯类应用、长视频与短视频平台、知识付费平台、网络游戏、生活服务类平台乃至明星、网红等，无不在激烈争夺这种稀缺资源。

"注意力经济"有以下几个特点：

（1）"注意力"是不能共享的、无法复制的，因为它表达的是消费者个人的兴趣、爱好、愿望、关心等。

（2）"注意力"是有限的、稀缺的。互联网时代的信息过剩，导致人们有限的注意力资源短缺。"物以稀为贵"，"注意力"就会形成价值。

（3）"注意力"有易从众的特点，消费者之间可以相互交流，相互影响。

（4）"注意力"可以由消费者关注的人／事件链接到品牌／产品。

（5）注意和吸引是"注意力经济"的基本行为。

"注意力经济"案例分享

我们来看具体的案例。

杜蕾斯的"注意力"操作手法

将"注意力法则"运用得最炉火纯青的品牌当数大家熟知的杜蕾斯，作为一个情趣产品，杜蕾斯每次总是能够快速地找到"注意力法则"下的热点话题，建立与品牌的联系，将图形、文字灵活组合，并且总是能用教科书级别的文案创意，将产品元素植入艺术级海报设计，然后借助各种热点话题——可以是一个概念、一部电影、一个节日、一个电子游戏——为品牌造势，吸引大众的"注意力"。

杜蕾斯的"注意力"热点内容大致可以分为以下几类。

第一，节气、节日类。

杜蕾斯可谓不放过任何一个节日，大到传统的春节、元旦，西方的情人节、圣诞节，甚至中国传统的节气以及国际上一些不知名的节日，如睡眠日等都会进行热点话题营造。

#五一小长假#环屋旅行第一站，先去哪儿，听你的。

——以足不出户也能打卡新景色为创意，将三室两厅96.6平方米面积中的客厅、卫生间、厨房、阳台作为打卡地点，其寓意不言而喻，让人不禁哑然失笑。

第二，艺术家/知名人物诞辰。

#莫奈诞辰# 夜如水温柔，我们随波漂流。

#福尔摩斯诞辰# 寻宝第一步：撕开真相的面纱。

第三，时事或者行业热点。

#世界航天日# 上天的方式，不止一种。

——将001产品比喻成火箭，配上"发射成功，天上见"的创意文字表达，让人忍俊不禁。

#ChatGPT# 用魔法打败魔法！

——最近数字藏品挺火，你更想收藏哪一幅？

#阿根廷冠军# Now is all

第四，流行话题。

今晚的#多巴胺穿搭#，我们一起选。主推澎润互"粉"套装、薄隐"金"不换套装、花样"橙"包套装。

突击检查，交出你今天的#citywalk#路线，这是一篇HEART WALK攻略。

#宠物社交# 转角遇到_____？和它的朋友交个朋友。

#当代年轻人特种兵式旅游# 听说年轻人最近在玩一种很新的

旅游方式。

第五，娱乐新闻如电影、明星等。

#灌篮高手上映# 真正的热爱 就是让热血沸腾到最后一刻，001登顶时刻冲击巅峰。

#电影流浪地球2# 推进之前，"安全"工作已部署完毕！

第六，电竞专栏。

#竞圈杜辅# 激战！难分伯仲！

#竞圈杜辅# 超强胜率，还看六神装！满级神装等待上场。

第七，科普知识等。

#有点小料# 用忍耐来控制亲密时长，真的好吗？主推杜蕾斯延时系列，hold住高能时刻，为爱加持。

第八，日常生活中的一些点点滴滴，小到一片叶子，大到心电图，只有想不到，没有做不到。

转发这株罕见的黑色四叶草！避开所有麻烦，2022年剩余的日子事事如"1"，美妙非凡！主推001系列产品。

你的心电图报告已经出来了：大为动心，不同装备带来的心跳频率不一样。

hey，Siri，失眠了，你可以试试数数电子小绵羊，你现在应该觉得困了吧！什么？还不困？那来点睡前运动助眠吧！

总结杜蕾斯的热点话题，吸引"注意力"的操作手法，有以下几个特点：

首先，内容幽默不低俗。杜蕾斯虽然是两性情趣用品，但其作品却不低俗。杜蕾斯常用隐喻的表现手法，给人留下无限的想象空间。文案内容不沾"性"，却能将人的思维引领到对"性"的思考上。尺度把握得恰到好处。

其次，强调文案创意及海报艺术性。海报设计作为一种重要的宣传媒介，既要具备吸引人眼球的视觉效果，又要通过文案内容传达信息，杜蕾斯的海报设计恰恰是这方面的典范，杜蕾斯的海报在笔者看来推崇的是一种艺术表达，再配合富有创意的文案内容让海报更具吸引力。

再次，有取有舍有底线。杜蕾斯虽爱蹭热点，但它是有选择性的蹭，其选择的热点都是符合公众的道德观和价值认知的，避开敏感话题（如政治、宗教，以及违背主流价值观、攻击竞争对手、承诺自己做不到或者做不好的事）。

又次，会蹭热点，也会自己制造热点。杜蕾斯除了蹭热点，也很会自己制造热点，针对电竞圈的爆火以及电竞受众广的情况，杜蕾斯与英雄联盟赛事官方就英雄联盟多项赛事达成合作，打造了很多热点话题，如"竞圈基辅""竞圈杜辅"等，并通过线上线下联动的方式扩大影响力。

最后，充分利用互联网特性进行品牌内容塑造。身处移动互联网时代，品牌需要利用好社交媒体工具，在合法合规的基础上抓住一切能利用的热点做好品牌营销。杜蕾斯最大的成功就是充分利用移动互联网时代社交媒体的特性，将严格管控的情趣用品行业用独特的内容营销方式吸引大众的"注意力"，屡屡登上热搜。

美特斯邦威与《奇葩说》教科书式的合作

除了迎合热点引发注意力以外，其实品牌商也可以自己创造热点、创造注意力，比如美特斯邦威与《奇葩说》的合作，就是这一类案例的典范。

在电视综艺节目大火的背景下，众多品牌都想采用综艺营销的方式来吸引大众的注意力，导致综艺营销的品牌大战愈演愈烈，而有限的题材也导致了严重的同质化问题。与众多品牌做法不同的是，美特斯邦威则反其道而行之，选择与爱奇艺出品的《奇葩说》合作，一个当时全新的，既没有固定观众，也没有知名度和影响力的网络自制综艺节目合作。

《奇葩说》第一季的成绩令人惊叹，总播放量突破 2.3 亿，百度指数从开播前的 500 直接飙升至 19 万，微博阅读量高达 10 亿，与同期娱乐节目比，《奇葩说》占据新浪微博疯狂综艺季话题榜冠军，单个话题的阅读量甚至接近 4000 万，跻身百度风云榜综艺榜单前五名，豆瓣综艺评分达 9.1，网络综艺节目排名第一，成为当时最具商业价值的综艺节目。

最终，美特斯邦威所取得的成功，展现了教科书式网络综艺营销的全新玩法，同时也让中国网络自制综艺节目的营销价值开始全面爆发。可以毫不夸张地说，《奇葩说》的诞生为综艺视频内容植入了真正的互联网精神，宣告了由网络视频平台主导的综艺时代真正到来，这也是综艺视频内容网络化、去中心化的开端。

美特斯邦威与《奇葩说》合作的案例解读如表 13-1 所示。

表 13-1 案例解读

合作背景
《奇葩说》以全新的视角创作，通过网络直播的形式推出，选拔有"独特观点、个性表述、与众不同"的人，节目意在突出当今时代下，最有独特观点、最具人格魅力的人。节目由马东工作室带领央视"90后"团队把控节目质量，蔡康永、高晓松等担任导师，同时邀请知名女星作为女神评论员参与节目，而选手则突破常规的"海选"逐步培养思路，直接邀请有话题性的网络"奇葩"名人参加，共同争论从大数据中挖掘出来的最热门话题。

续表

美特斯邦威与《奇葩说》合作是一次全新的媒体投放策略、品牌发展战略上的尝试与创新。在合作的背后，主要有以下考量：（1）《奇葩说》主旨思想"独特观点、个性表述、与众不同"，与美特斯邦威"不走寻常路"的品牌理念深度契合；（2）内容为先。以"90后"为主力消费者的《奇葩说》是一档真正的年轻人制作给年轻人看的节目，强大的阵容组合与全新的内容形式，形成了与传统语言类节目完全不同的形式风格，真正做到与年轻人群从内容到形式的深度对话；（3）视频网站爱奇艺的大流量，平台强大的节目资源，加上全方位的强势推广，可以保证节目的充分露出；（4）借助网站大数据库和爱奇艺平台技术优势，配合与目标人群匹配的娱乐节目，美特斯邦威可以精确识别和深入了解目标消费者，对品牌形象的建立与塑造提供强有力的支持
营销背景
作为主力消费人群的"90后"，媒介使用习惯发生了巨大变化，从重度电视使用到轻度电视使用，消费者在互联网上花的时间越来越多，在美特斯邦威看来，紧跟消费者媒介使用习惯的转移调整营销策略，既是这次活动的挑战也是机会
营销目标
强调与目标受众——"90后"人群的情感沟通，美特斯邦威希望能够通过与《奇葩说》的深度合作，传达出"不走寻常路"的品牌理念，提升品牌在目标人群中的影响力
营销策略
美特斯邦威以总冠名的身份从制作之初就渗透到节目的各个环节，从品牌LOGO的设计，到品牌口号"U CAN U BIBI"的花式翻新，从贴合品牌调性的议题设置到选手私服的赞助植入，从辩手辩词的无痕传递，到热门选手参与品牌线下的软性代言宣传。借"奇葩"基因焕新美特斯邦威形象，将"不走寻常路"借节目主题与目标人群深度沟通
执行策略
预热期：从筹备到上线，全面占据目标受众目光，大声量造势。在节目开始之前，《奇葩说》在线下发布会现场做小型迷你辩论秀，吸引媒体和社会关注。随后，《奇葩说》和品牌一起走进百所高校，为整个营销活动先期蓄势，同时《奇葩说》官微联动美特斯邦威官微，在线上围打头阵，进行了密集的节目海报攻势；站内发布预告片，微博、微信推送相关倒计时海报，并随着开播时间推进，文案也同步调整分阶段预热。
引爆期：采用新颖巧妙、无孔不入的方式进行品牌植入，给目标受众一场全面的头脑风暴。节目里每次美特斯邦威品牌露出结合马东自带槽点的花式口播"时尚时尚再时尚"，推高美特斯邦威品牌接受度和娱乐度。在演播室现场和MINI剧场等地方也均有美特斯邦威产品及元素的密集式植入。辩论中，选手将带有美特斯邦威品牌态度的话语融入辩论，将美特斯邦威定制款私服变成论辩依据，凭借高密度金句发生率，在SNS掀起奇葩狂潮，引发人们热议，引发强烈的社会反响。采用新技术，完全符合"90后"目标人群媒体使用习惯。基于大数据筛选研究，精心准备受众真正关注的问题作为节目辩题；节目中利用二次元弹幕互动，给观众提供了边看边与选手隔空对话的机会；平台的随视购技术则可以让人们在看节目的同时购买节目定制商品。另外，美特斯邦威和《奇葩说》官微针对话题趣味互动，提升目标人群的影响力。大到节目嘉宾预告，小到选手拍摄花絮，不定期的互动大赛和节目话题讨论，让奇葩情绪从节目病毒式蔓延到社交媒体，大大提升节目热度和品牌关联度。
持续期：挖掘节目价值，选手软代言放大奇葩营销力。美特斯邦威基于奇葩语录，强势推出《奇葩说》限定款——潮葩系列。在潮葩系列服饰推介会上，《奇葩说》选手到店助阵，为美特斯邦威奇葩潮流系列服饰造势，引发粉丝及路人围观与参与；《奇葩说》选手拍摄品牌TVC《混出范》，进一步放大品牌的"奇葩"号召力和影响力

续表

营销成果
从品牌自身来说,美特斯邦威品牌认知度提升25%,品牌好感度提升87.5%,网友们对于进店消费的预算意愿从原先的人均200元攀升至400多元,消费者购买意愿提升70.7%;美特斯邦威借势《奇葩说》设计的"潮葩"系列服装销售了5万件,售出率达到80%以上,大大超过预期的60%。从社会影响力来看,美特斯邦威以"奇葩"为IP,打破了传统品牌与节目的植入营销方式,以镜像式营销方式抓取核心受众,从内容切入垂直的兴趣人群,实现了更为精准、互动性更高的品牌沟通。同时还将IP变现,把产业链延伸至同款奇葩潮服,达到了借力节目、周边产品和明星的影响力,全面扩大品牌认知度及好感度,打通综艺产业上下游,完美实现娱乐和商业平衡,推动IP价值最大化,实现了品牌与综艺视频节目合作的"新生态、新IP、新玩法"

"注意力经济"实操五要点

总之,在当前错综复杂及快速变化的市场环境下,品牌和产品必须不断创新,寻找新的方式和渠道来吸引用户的注意力,抢占用户的时间。只有如此,才能在激烈的市场竞争中突围,获得用户的青睐,进而实现产品的长期成功和持续增长。

要点一:变换认知角度的表达

在传统的促销活动中,品牌通常会从自我出发,强调产品的功能和优势。然而这种方式往往容易让用户产生抵触感。变换认知角度,从用户的需求和感受出发,可能会收到更好的效果。例如,通过故事化的表达,让用户感受到产品能解决他们的实际问题或满足他们的某种心理需求,可能会更容易吸引用户的注意力。

要点二:反差内容打破常规思维逻辑

人们总是容易对新奇、与众不同的内容产生好奇心。通过反差内容,打破用户的常规思维逻辑,可能会有效地吸引用户的注意力。例如,通过一些出人意料的，或是与众不同的促销活动创意，让用户感到新奇和好奇，从而吸引他们花费时间了解产品或品牌，甚至产生购买的欲望。

要点三：创新的促销活动形式和投放渠道

随着数字媒体和社交平台的崛起，促销活动形式和渠道也在不断创新。例如，短视频、直播、社交购物等新兴形式，为品牌提供了新的方式和渠道来吸引用户的注意力。通过这些新兴渠道，品牌可以以更接地气、更吸引眼球的方式，抢占用户的注意力和时间。

要点四：精准定位和个性化推送

通过大数据和人工智能技术，品牌可以更精准地定位用户，提供个性化的推送和服务。例如，通过用户的历史行为和喜好，推送他们可能感兴趣的广告和内容，从而更有效地吸引用户的注意力。

要点五：结合线上线下的多渠道互动

线上线下的多渠道互动也是吸引用户注意力、占领用户时间的有效方式。例如，通过线上的社交平台和线下的实体活动，相互配合，提供丰富的用户体验，可以吸引更多用户的注意并积极参与。

| 第 14 章 |

促销沟通之 IP 整合营销

笔者始终认为,促销的本质在于沟通,关键在于吸引关注,而其目标是推动销售。本章所探讨的 IP 整合营销策略,正是为了满足这些核心要求而设计的促销方法。

理解 IP 整合营销

什么是 IP？IP 指的是知识产权,IP 授权指的是版权方(IP 所有者)或者其代理商将 IP 授权给客户使用。客户可以根据授权方的指引,在一定的范围内使用该 IP,而促销中关注的是"泛 IP 概念"。泛 IP 概念指的是知识产权、人物形象、热点事件等可以形象化运作并能引起关注、产生销售的事物。在当下这个以内容社交为核心的移动互联网时代,IP 整合营销成为一种新常态。

良好的 IP 整合营销可以通过对流量的吸引、转化形成持续性的流量转化并最终达成销售目标。前段时间爆火的瑞幸咖啡与茅台酒的 IP 跨界营销很好地验证了这一点,双方联手推出的"茅台瑞幸酱香拿铁"在咖啡市场引起轰动。这款"茅台瑞幸酱香拿铁"以 53 度茅台酒为灵感,售价 38 元 / 杯,使用优惠券可低至 19 元 / 杯,"每杯都含贵州茅台酒"的承诺让它瞬间成为广受欢迎的咖啡新品,火速引爆各大社交平台、微信朋友圈,相关话题持续登上热搜榜单。据瑞幸咖啡官微的文章,酱香拿铁单品首日销量突破 542 万杯,单品首日销售额突破 1 亿元，刷新单品纪录。这次联名营销，不仅让瑞幸赚足了噱头，还将其品牌曝光度提高到了一个新的高度，并由此引发了一波消费热潮。而对于茅台这一传统品牌来说，一直以来都是高端白酒的代表，年轻人对其需求并不明显，但通过与瑞幸的合作实现了一次向年轻人市场靠拢的机会，并且找到了融入年轻人的生活场景。

"茅台瑞幸酱香拿铁"的热销充分展示了 IP 整合营销的强大吸引力。其后，我们将从零售业的三大核心要素——产品（货）、渠道（场）和消费者（人）——来剖析其成功的策略。

首先，货。

瑞幸和茅台强强联合，打造单一爆品——酱香拿铁，充分体现了"美酒加咖啡"的独特体验。

作为高端白酒中的奢侈品飞天茅台，除了价格高到让很多酒友望尘莫及外，它的稀缺性也让很多人戏言：买瓶飞天茅台比登天还难！而瑞幸作为中国门店数量最多的连锁咖啡品牌，通过与茅台的此次合作却让普通大众可以低价享受到"上班喝茅台"的猎奇心理和满足感。

其次，场。

打造品牌视觉盛宴。主视觉采用瑞幸蓝 × 茅台红，一个是经典的现代蓝一个是标志性的中国红。俗话说"红蓝出 CP"，强烈的红蓝对比形成强烈的视觉冲击，吸引眼球，辨识度极高，迅速吸引了用户注意力。

最后，人。

针对年轻人的噱头及文案："美酒加咖啡，就爱这一杯""还在早 C 晚 A，成年人的新型快乐，职场人的社交新方式诞生了""喝酱香拿铁开车算酒驾吗？""今日好消息！人人喜提'茅台'""亲爱的雪,瑞瑞我已嫁入豪门"……在具体运作上，充分利用当下内容社交的时代特性，分阶段炒节奏吸引消费者玩梗晒单转发。

第一阶段：预热阶段，创意倒计时海报吸引大众注意。

倒计时3天，这次联名热度有多高？53度。

倒计时2天，这次联名有多"贵"？贵州的贵。

倒计时1天，这款新品你准备喝多少？喝半斤。

第二阶段：爆炒阶段，创意物料输出配合促销活动吸引用户晒单，鼓励UGC用户创作互动，同时通过微博、小红书、抖音全民二创玩梗，朋友圈晒单"炫茅台"，用时下年轻人喜欢的娱乐化营销模式助推联名火爆全网。

#么看见，不知道，别问我 #催个茅线

#工资两千五，顿顿都吃土 #上个茅班呀

#来，走一个 #打工而已，不要上头

总之，此次瑞幸与茅台合作的成功出圈，"创意输出＋用户二创玩梗"是关键，通过美酒加咖啡的创意产品、配合极富视觉冲击力的海报设计以及创意文案/视频/视觉的输出，结合时下新媒体通路微博、抖音、小红书吸引用户二创玩梗，最终实现了"1+1 ＞ 2"的IP营销合作。

IP整合营销案例分享

好的IP整合营销可以通过对流量的吸引、转化形成持续性的流量转化，最终达成生意逻辑。那么，我们怎么找到好的IP并与之合作呢？笔者试着通过中国IP合作发展史的阐述，为大家讲解IP合作不同模式的特点，并结合IP识别模型，帮助品牌公司更好地选择IP合作。

提到IP合作，不得不提到第一代IP人——时代的弄潮儿温州人。早在1995至2015年，他们通过皮尔·卡丹、花花公子、凯撒、卡帝乐鳄鱼、金利来、JEEP，以授权金、抽佣等方式赚取了IP合作的第一桶金。

第 14 章 促销沟通之 IP 整合营销

温州人是如何实现 IP 营销的呢？

以花花公子为例，该品牌在中国市场已经授权经营了三十多年，覆盖男女装和配饰多个品类。其商标的注册范围包括第 16 类（杂志和出版物）及第 18 类（皮具类），而 VIP 花花公子的注册范围包括第 18 类（皮具类目）、第 24 类（布料、皮料类目）、第 25 类（服装类目）等十余个类目。

花花公子每年在中国市场营业额就超过 5 亿美元，并有很高的知名度。该类 IP 合作有两种模式，一种是某一品类的授权收益，另一种是 IP 价值融入产业链赚取利润（如图 14-1、14-2 所示）。

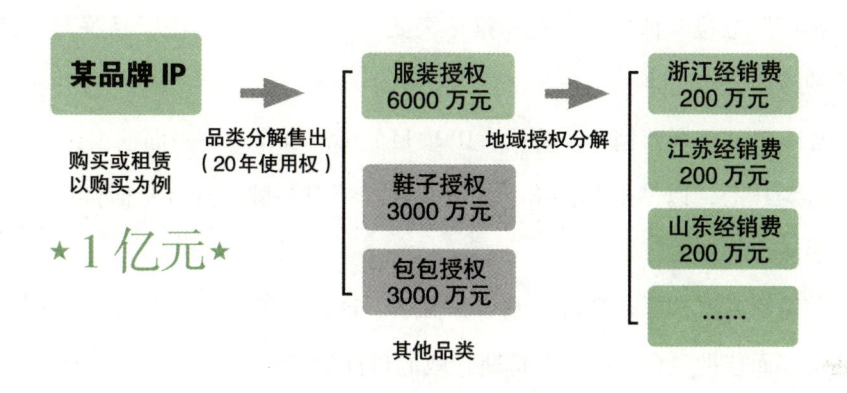

图 14-1 IP 授权收益

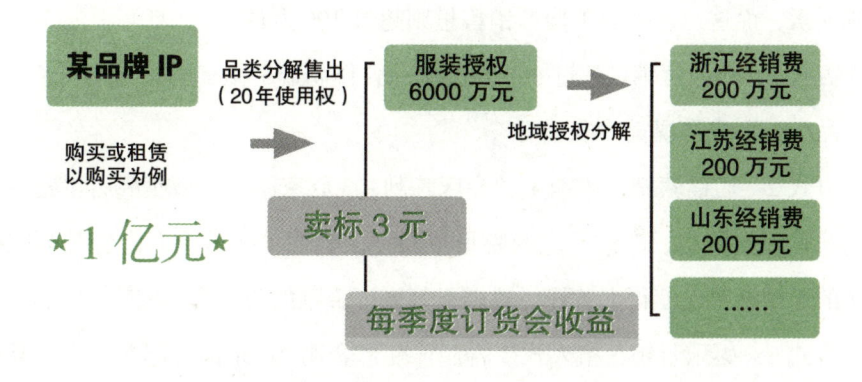

图 14-2 IP 价值融入产业链赚取利润

如果说时代弄潮儿温州人开启了 IP 合作的先河，那么美特斯邦威的 MTEE 系列则见证了中国 IP 合作的演变与发展。MTEE 是美特斯邦威 T 恤系列的简称，它的诞生最早可追溯到 2009 年美特斯邦威与《变形金刚 2：东山再起》版权持有方美国派拉蒙电影公司以及孩之宝公司的合作。

当初，美特斯邦威与变形金刚就包含产品、店铺、户外、电视、媒体、公关的 360 度整合营销合作拉开了 IP 营销觉醒的序幕，开启了一个新的营销时代。

美特斯邦威作为第一个植入好莱坞大片并与之达成战略合作的中国品牌，与《变形金刚 2：东山再起》跨界强强联手，开创了"影片植入、商品授权、联合推广"三位一体的商业运作推广模式，并借此开创了中国品牌与好莱坞大片的跨界合作之路。

MTEE IP 整合营销第一阶段：IP 项目的标准操作——平面输出，以 IP 平面内容为核心，以"提升价格、提升关注、提升品牌"配合全面推广为主要操作手法。

美特斯邦威选择与变形金刚合作源于"这是'70 后''80 后'共同的童年回忆，而这批观众，正是美特斯邦威的目标消费群"。

美特斯邦威借由电影的声势，同步上线专门的网站，并在电视、平面、店铺、影院等各个媒介借助变形金刚的形象投放广告，产品本身也深度融合了变形金刚元素，而这一系列的 T 恤衫销售量则超过 100 万件。

方式 1：产品营销。超过 300 款的单品合作涵盖 T 恤、卫衣、牛仔、包、鞋等品类，形成强视觉冲击。

方式 2：店铺营销，店铺主题专区陈列。300 家城市大型旗舰店主题专区陈列，通过与网络、杂志、电影院形成联动，借用 TVC、平面广告及与院线合作的促销活动，使得大黄蜂、威震天等变形金刚的角色形象家喻户晓。

方式 3：娱乐营销，植入式广告。《变形金刚 2：东山再起》是中国品牌首次在好莱坞大片中崭露头角，代表中国品牌已经开始走向世界。

方式 4：代言人营销。以周杰伦为首的全明星代言人阵营的明星同款，撬动了粉丝经济的影响力。

根据相关机构的调查显示，在《变形金刚 2》中的众多植入品牌里，美特斯邦威在同类品牌中的国内消费者认知度排名中仅排第十，但影片上映后，消费者对美特斯邦威的品牌和故事情节记忆度却在所有品牌中排名第一，好感度也从影片上映前的 4.00% 上升到 6.89%。

美特斯邦威与《变形金刚 2》的合作取得巨大成功之后，尝到了电影形象授权带来的甜头，美特斯邦威决定对文化创意产业的衍生价值链进行持续挖掘。因此启动了 MTEE IP 整合营销的第二阶段：MTEE 品牌化运作。对于文化创意产业而言，MTEE 系列是释放版权价值的衍生产品，并可以通过美特斯邦威在全国的零售终端配合电影上映或事件，形成更为广泛的影响，而对于美特斯邦威而言，各种卡通形象、主题为产品设计开发提供了更多可用资源，并减少了初次开发的高额成本。

为此，美特斯邦威与世界代表性的三大动漫、电影公司（美国梦工厂、日本三丽鸥、上海美术电影制片厂）进行战略合作，布局《功夫熊猫》《大闹天宫》《凯蒂猫》等拥有超级 IP 资源的上游公司，推出 400 款动漫创意主题 MTEE，而这也正好是 MTEE 的三大重点发力方向：好莱坞形象、日本卡通和中国经典怀旧形象。

创新 1：实施"梦想家"计划，MTEE 代言人不再是传统意义上的明星，从年仅 17 岁的国际 B.BOX 大赛亚军得主成成到独立乐队果味 VC，涂鸦艺术团体喷子，再到七旬高龄的上海美术电影制片厂"美猴王之父"严定宪，在这些年龄、职业迥异的代言人身上，找到属于年轻人的各色梦想和激情。

创新 2：与时俱进，不断引进时下最新最受年轻人喜爱的知名 IP 加入 MTEE 战队，开启了知名 IP 与中国大陆服装品牌的第一次异业战略合作。

以魔兽系列为例，千万玩家翘首以盼的美特斯邦威"魔兽世界"系列在美特斯邦威上海南京东路旗舰店举行全国限量首发活动。这是暴雪娱乐首次在中国大陆与服装品牌开启异业战略合作。为配合此项服饰产品授权合作的正式启动，美特斯邦威创作了一系列"魔兽世界"主题的 MTEE 产品，包括 T 恤、牛仔、配饰等。首发当日，整个美特斯邦威南京东路旗舰店以"魔兽世界"为主题，将虚拟的游戏世界逼真地还原成现实。店铺大门左右两侧分别由联盟和部落的各族首领压阵，5 米高、3 米宽的联盟、部落主题海报，远远望去整个美特斯邦威店铺犹如一座气势宏伟的魔兽世界主城。主城由"魔兽文化展示区""防具店 (商品售卖区)""拍卖行 (收银台)""竞技场 (熊猫人内测体验区)""暗月谷 (ROLL 点区) "和拍照区组成，每一个区域都从视觉、听觉、触觉立体式地让所有玩家尽情体验到真实的魔兽游戏文化。

创新 3：漫想城社区的建立。

（1）预热活动。TEE 客行动，真人扮演的 MTEE 动漫角色现身 22 个城市的大街小巷，国内两大视频网站优酷和土豆跟进报道，发布一百多条视频吸引消费者关注，并引导他们前往真实现场与动漫角色互动。邀请网络知名播客利用 MTEE 的动漫角色制作了视频节目，其中 nonopanda 创作的"MTEE 大乱斗"病毒短片，自发布后播放次数超过 360 万次。

（2）上线活动。MTEE 漫想城，精心设计身着 MTEE 产品的"纸片潮人"，消费者可以随意选择发型、五官、服装和配饰来制作独一无二的虚拟形象，更可通过打印，手工制作出"纸片潮人"的时尚摆设。比如：面向 QQ 用户的 MTEE 魔法卡片和"纸片潮人"万人广场合影；面向人人网用户的"纸片潮人"特别头像和动漫角色公共主页，等等。另外，还邀请了不同行业的杰出创意代表作为"MTEE 梦想家"，分享他们的动漫梦想，引领他们的粉丝进入漫想城，让消费者在漫想城完成深度的品牌体验，同时一起创造 MTEE 的规模效应，极大地推动了 MTEE 的知名度和销量。

创新 4：真正意义上的整合营销推广，以 MTEE 新闻发布会为起点，配合全方位无死角的媒体推广，为 MTEE 强劲造势。

（1）新闻发布会。

（2）湖南卫视—2010成人礼冠名合作。

（3）快乐大本营 MTEE 专场。

（4）MTEE 专属 Bus。

（5）户外硬广投放。

一线城市北京、广州共450块候车亭广告；二线城市西安、大连、哈尔滨、福州、长沙、南京、昆明、重庆、郑州、太原、石家庄、成都、武汉、沈阳、济南、南昌，共1065块候车亭广告。

杭州58套三维一体灯箱，总到达人次1200万。

北京、武汉、成都、沈阳共24辆双层巴士，总到达人数1768万。

（6）地铁广告。北京地铁2号线西单站长165米共400平方米面积巨型地铁墙贴+灯箱，上海地铁2号线南京东路站大型墙贴+灯箱，总到达人数7279万。

（7）CBD 商业区户外 LED 大屏幕。上海永新百货、东方商厦各1块，总到达人数2549万。

（8）全国电影院线数码海报，北京、上海、广州、深圳、南京、杭州、成都、天津、沈阳、济南、重庆、武汉共97座电影院1112块，梦想家及大集合 Flash 动画广告，根据影院上座率进行推算，4–6月数码海报总到达人数3546万。

（9）网络视频短片，上海马达加斯加快闪视频，土豆播放量37.7万，优酷播放量73.5万。

继 MTEE 品牌化运作之后，美特斯邦威随即启动了 MTEE IP 整合营销的第三个阶段，即"我是新国货"。作为国民大品牌，美特斯邦威整合全球资源，塑造民族时尚文化，更将中国传统文化注入国际视野，身体力行地将"中国制造"升华为"中国创造"。"中国创造"代表创意与优质，是以国际性视野整合全球资源，与中国文化相融合，为中国创造所用。

美特斯邦威充分运用"活在当下"理论，在中国实力不断提升的社会背景下，将 IP 授权上升到"新国货"精神的高度，并且通过"新"和"国货"的碰撞，结合新的传播手法，借用消费者可以感知到的与自己生活相关的画面，创意生产出消费者更喜欢的产品。

创新1：邀请了汪钰伟、时晨轶等八位国内新锐设计师联袂打造了两大主题、不同风格的 1000 余款 MTEE 春夏新品系列 T 恤。主题一：80 怀旧，复古的童年回忆，提出"国货+新"的概念；主题二：上海美术电影制片厂经典动画，激活童年记忆的潮物。8 位年轻新锐设计师一次颠覆传统模式的卡通人物再塑型，1000 多件专属童年记忆的潮流 MTEE，一次标新立异的新国货运动。

创新2："新国货"代言人，不再是单纯的明星，而是各行业的领先者，有美特斯邦威品牌总裁周成建、流行音乐人周杰伦、创意经营大师包益民、摩登造型师陈星如，通过他们的行为和号召，将"我是新国货"的精神带给每一位消费者。

创新3：WOW! MTEE 集结两岸三地 21 个顶尖潮牌，以大闹天宫为创作元素，打造华人最强潮流盛世。在微博平台上开设 @MTEE 官方微博，每天都有一位潮流品牌主理人坐镇，分享他们的品牌故事、设计理念。集结两岸三地顶尖潮流品牌，打造了潮流文化最强音。

美特斯邦威结合推广主题运用最新的 HTML5 技术，用最新最潮的浏览体验让用户耳目一新，同时满足了平板电脑、手机的兼容性，依托多种平台，让潮流文化随时随地尽情展现。

创新4：大规模开展网络宣传，充分利用网络媒介快速传播的特点，以用户体验为导向，利用了广度覆盖+深度体验结合的多元化和层次化网络媒介组合策略。联合网络社交媒体，鼓励所有人喊出自己的新国货宣言。与 SNS 网站人人网合作，共同推出新国货运动，活动上线 10 小时即有 400 万人次表示支持"新国货"；与新浪微博徽章结合推出"发表新国货宣言"活动，通过微博平台传播新国货理念；在 EPR 层面，通过腾讯及新浪开通官方微博与粉丝活动。

通过上述对美特斯邦威 MTEE IP 合作演变与发展史的分析，我们可以看到 IP 整合营销的多元玩法，但其都有一个不变的宗旨——"活在当下，内容为王，整合营销"。

美特斯邦威不止是敢为天下先，更是抓住了品牌推动 IP 经济的核心：充分挖掘基于 IP 形成的文化价值认同感与粉丝影响力并进行深度整合。凭借自带的巨大市场知名度和海量粉丝基础，通过排他性合作与系列营销运作建立形象强关联，提升品牌在年轻群体中的号召力与影响力，从而实现产品销量与声量多赢的目的（如表 14-1 所示）。

表 14-1　美特斯邦威 IP 整合营销三阶段

	第一阶段	第二阶段	第三阶段
合作方式	IP 项目的标准操作 ・平面输出	MTEE 品牌化、多 IP 项目整合运作 ・全面融合 IP	以"我是新国货"进行 IP 品牌化操作 ・立足时代 ・玩转 IP ・自创话题
操作手法	以 IP 为核心 ・提升价格 ・提升关注 ・提升品牌 ・全面推广	以品牌为魂 ・强化调性 ・整合推广 ・提升品牌 ・全面推广	借时代之势 ・强化调性 ・拉升品牌 ・多元合作 ・全面推广

不难发现，IP 整合营销作为一种促销沟通方式，具有以下几个重要优势和价值。

第一，扩大了品牌知名度及品牌影响力。

通过与知名 IP 的合作，品牌可以借助 IP 本身的影响力和粉丝基础，迅速提升品牌的知名度和影响力。而 IP 自己所拥有的独特符号和形象，又可以作为品牌产品及视觉设计的元素，从而吸引 IP 粉丝向品牌靠拢，使得品牌拥有更多的潜在消费者，帮助品牌在市场竞争中获得优势地位。

第二，提升品牌竞争力，增加市场曝光度。

IP整合营销不仅可以帮助品牌扩大知名度，还可以提升品牌竞争力，增加市场曝光度。通过IP联名合作，品牌可以深入IP的粉丝群体，获得更多的曝光机会。这种曝光不仅来自联名产品的宣传和推广，还来自IP粉丝的口碑传播和社交媒体的传播效应。

第三，增加销量，抢占市场份额。

通过与知名IP的合作，品牌可以借助IP自身的影响力和粉丝基础，吸引粉丝购买联名产品。同时，联名产品又可以通过独特的创意和新颖的设计，吸引更多目标消费群体的"注意力"，再配合行之有效的促销活动手段，最终实现提升产品销量和市场份额的目标。

第四，提高品牌美誉度和品牌认可度。

与知名IP的合作，可以为品牌带来更多的美誉度和认可度。知名IP本身作为一个有影响力和受欢迎的元素，其自身拥有的文化价值属性、情感属性、故事属性，可以让品牌在其自身文化价值属性、情感属性、故事属性上予以叠加，从而为品牌塑造一个更加有吸引力的品牌形象。

总的来说，选择与适合品牌、符合品牌态度及个性的知名IP合作，是一种行之有效的促销沟通手段，但IP整合营销切记不要为了合作而合作，为了IP而IP，因为本质上，IP整合营销是一门生意，是要以品牌的最终盈利为终极目标。

IP识别模型

我们如何在纷繁复杂的IP中，选择符合品牌态度及自身利益点的IP进行合作呢？

品牌公司在选择IP时，可以根据以下的IP识别模型进行思考，并结合

IP 识别模型（打分法）综合分析（如图 14-3、14-4 所示），结合品牌自身的品牌调性及品牌态度，探求符合目标消费人群审美及价值观的 IP 内容，通过创新性的艺术表现，360 度的整合营销，抢占消费者心智，树立品牌形象，让 IP 为品牌所用。

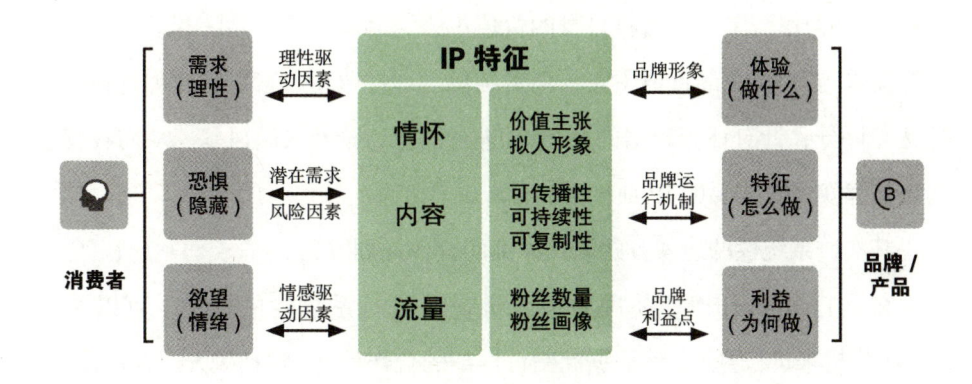

图 14-3　IP 识别模型

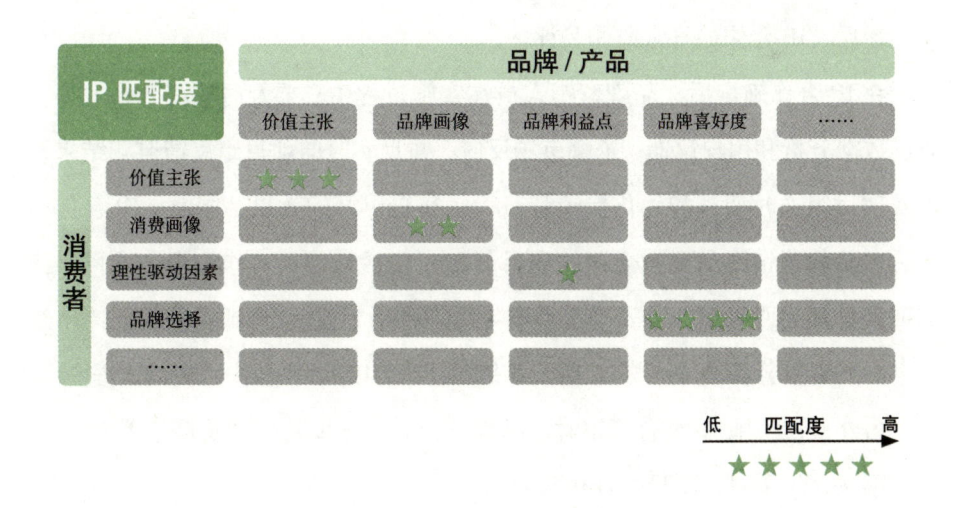

图 14-4　IP 识别模型（打分法）

IP 整合营销相对价格类促销活动来说，是一种相对比较复杂的促销手段，不同品牌的态度、个性、需求、利益点、资源不尽相同，品牌营销人员需要通过系统性的思考、准确的市场分析、新颖的创意来实施IP合作，在其合作过程中有几点需要注意：

首先，选择符合品牌定位、个性态度及利益点的IP进行合作。

在选择IP合作对象时，品牌可以先根据品牌定位、品牌特征、品牌利益点列举IP合作清单，然后将自身的价值主张、品牌画像、品牌利益点、品牌喜好度等与合作IP的价值主张、消费画像、理性驱动因素以及品牌选择等进行交叉评分，针对评分较高的IP项目进行内容讨论及头脑风暴，从而找到最适合品牌发展所需要的IP项目。

其次，系统性的思考方式以及详细的合作计划方案。

在进行IP合作时，品牌营销人员需要进行系统性的思考，可以结合SWOT分析来进行判断，然后据此制订详细的合作计划，包括双方的合作模式、商务目标、创意产品输出、渠道及资源整合、预期结果和时间安排计划表，以此作为与IP方商务洽谈时的基础。

最后，IP合作的日常监测和评估。

在IP合作确定后，品牌营销人员在实施过程中，要及时监测合作效果，通过数据分析和用户反馈，了解市场反应，并且实时向项目组反馈监测结果，以便项目组适时调整和优化促销策略，以获得更好的效果。同时，IP合作结束后，品牌营销人员要做全面的项目复盘，包括从项目合作沟通、项目实施到项目收尾的所有细节及安排都需要考量，最后对IP合作项目的投入产出给出定性及定量分析结果，提供给公司决策层作为以后IP合作的决策依据。

另外，在实施IP整合营销时，品牌营销人员还要善用"营销三手刀"：

第一，先手刀，项目的预热蓄力。

品牌营销人员需要做好明确的工作计划及时间安排，确保在每个关键时间节点及关键任务时可以以最快速度推进，从而最大限度地保障此次IP合作的知名度及影响力。

第二，全力一刀，资源整合及全面推动，层层递进。

这个阶段，内外部的资源整合非常重要，作为品牌营销人员要将内外部资源列举清楚，包括每个资源的使用方式、时间及各种要素，可以以表格的形式在项目组内部共享，确保在推进时相关人员都很清晰明了。

第三，华丽收刀，拔高价值。

IP 合作后期，大家往往容易放松，觉得 IP 合作已经进入收尾阶段，但实际上这时，品牌营销人员可以将"全力一刀"时期获取的推广资料及信息进行二次创作及推广，反而会收到意料之外的惊喜。

第 15 章
促销策划人员需具备财务思维

一切促销都应该帮助企业追求更高销售额，更高利润、更强品牌力。因此，所有营销策划人员都应该具有财务思维，时刻明白我们所要做的是帮助企业花小钱、赚大钱。

何谓财务思维？财务思维指的是将财务的基础知识和业务逻辑相结合的思维。财务作为商业通用语言，与业务最息息相关的就是收入、利润和现金流，收入代表业务规模，利润代表业务成效，现金流代表利润的真实性。这应该如何理解？比如：假设一个品牌2022年总投入资金为8000万元，总收入2亿元，利润3000万元，2023年总收入达到了3亿元，可利润还是3000万元。从业务规模上说，收入提升了，但利润并没有扩大，这说明业务发展规模并没有得到实际性提升。

再由以上案例继续推算：2022年利润3000万元，老板从中额外拿出200万元用于员工激励，但2023年利润3000万元，每个员工却只能拿到1个月的基础奖励，原因是2023年公司运营成本上升，账面上的现金流不足。

作为营销策划人员，需要能看懂收入、利润和现金流之间的关系，并且能看懂基础的财务报表，如利润率、投资回报率、周转率，只有如此才能更好地进行促销活动的策划。

那么，什么是利润率？什么是投资回报率？什么是周转率？

$$利润率 = 利润／销售额 \times 100\%$$

还是以上面的例子为例：2022年收入2亿元，利润3000万元，那么该公司2022年的利润率是：0.3/2×100%=15%，即每卖出100元，该公司可以得到15元利润。

$$投资回报率 = 利润／总投入资金 \times 100\%$$

2022年利润3000万元，总投入资金为8000万元，那么该公司2022年的投资回报率是：0.3/0.8×100%=37.5%。投资回报率是衡量一家公司运营水平的指标。

$$周转率 = 销售额／总投入资金$$

2022年收入2亿元，总投入资金为8000万元，那么该公司2022年的周转率：2/0.8=2.5。周转率可以理解为对资金的使用效率。

$$利润率 \times 周转率 =（利润／销售额）\times（销售额／总投入资金）$$
$$= 利润／总投入资金 = 投资回报率$$

收入代表市场规模，利润代表赚钱空间，现金流代表公司承受风险的能力。

以下，笔者从促销活动费用预算以及效果预测评估两个方面，阐述营销人员如何利用财务思维进行促销活动方案的费用预算、效果预测及评估。

现阶段，很多品牌的营销人员因为不具备财务思维，在促销活动策划需向公司申请促销费用时，最常说的一句话就是营销是要做前期投入的。但这个活动具体可以带来多大的品牌收益，却又解释不清楚，而公司决策层则习惯以管理者的眼光审视，以约束和节制的态度对待促销费用。作为营销人员自己讲不清楚活动实际效益，往往会导致公司陷入"不花钱做事""少做少错多做多错"的困境，从而使整个营销活动过程受到限制。这是目前大部分公司在促销推广方面存在的管理现状。

公司管控促销费用是有必要的，但从公司长远经营的角度看，公司经营最终追求的是盈利，是利润，是投入与产出的价值比，它对费用的评价指标是费用价值率，投入与产出比的杠杆决定了费用投入的方向和多少，因此，促销费用并非越少越好，在决定促销费用投入时，我们首先要考虑促销费用投入的方向是否正确、价值是否合理、时机是否合适，并运用经济杠杆衡量和评价经营效率，从而使营销费用的投入恰如其分，所以，对促销费用的管控不是简单的削减支出，而是管控资金的合理性及有效利用。

怎么操作呢？

公司上下形成统一认知：促销费用来自公司销售增长额

优秀的营销人员要有强烈的数据意识与盈利意识，当一个促销活动无法形成明确的成本预算体系及效果评估体系时，为促销活动设置一个合理的销售指标，应结合公司实际财务情况，根据数据分析模型和实际情况，确定各项成本预算，以控制活动总成本。在促销活动完成后，再对成本逐一进行核算，以评估活动效果和是否达到预算目标，并为以后同类型促销活动提供决策依据。

公司层面的认知如表 15-1 所示。

表 15-1 公司层面的认知

细项	数值	测算	
直营店数	200 家	单店销售	300 万元
销售收入		a 直营店数 × 单店销售	60000 万元

续表

细项		数值		测算	
直营店层面利润	利润率	8.0%	b	a× 利润率	4800 万元
分公司行政费用	分公司行政费用率	3.0%	c	a× 分公司行政费用率	1800 万元
总部行政费用	总部行政费用率	5.0%	d	a× 总部行政费用率	3000 万元
物流费用	物流费用率	2.0%	e	a× 物流费用率	1200 万元
加盟收入		16000 万元	f		16000 万元
加盟利润	加盟利润率	39%	g	f× 加盟费用率	6240 万元
关店损失		1500 万元	h		1500 万元
清货损失		500 万元	i		500 万元
营销推广		1800 万元	j		1800 万元
店铺升级		1000 万元	k		1000 万元
初始利润			l=b-c-d-e+g		5040 万元
净利润			m=l-h-i-j-k		240 万元

灰色区块设置为公式，修改其他地方数字自动计算
往年数据作为基础数据，再此基础上进行推算

细项		数值		测算		增幅比率
直营店数		200 家		单店销售	391 万元	30%
销售收入			a	直营店数 × 单店销售	78250 万元	30%
直营店层面利润	利润率	8.0%	b	a× 利润率	6260 万元	30%
分公司行政费用	分公司行政费用率	2.3%	c	a× 分公司行政费用率	1800 万元	0%
总部行政费用	总部行政费用率	3.8%	d	a× 总部行政费用率	3000 万元	0%
物流费用	物流费用率	1.5%	e	a× 物流费用率	1200 万元	0%
加盟收入		16000 万元	f		16000 万元	0%
加盟利润	加盟利润率	39%	g	f× 加盟利润率	6240 万元	0%
关店损失		1500 万元	h		1500 万元	0%
清货损失		500 万元	i		500 万元	0%
营销推广		3000 万元	j		3000 万元	67%
店铺升级		1000 万元	k		1000 万元	0%
初始利润			l		6500 万元	29%
净利润			m		500 万元	108%

测算时行政费用及物流费用保持不变
测算时净利润提升倍数依据营销推广费用增加倍数进行测算

店铺层面的认知如表 15-2 所示。

表 15-2　店铺层面的认知

细项	数值/测算		细项	数值/测算	
店铺面积（平方米）	300		店铺面积（平方米）	300	
	现有(万元)	现有(%)		计划(万元)	计划(%)
零售坪效	2.5		零售坪效	2.6	
租金成本	20		租金成本	20	
零售吊牌收入/折扣	1000	75	零售吊牌收入/折扣	1049	75
零售收入	750	100	零售收入	786	100
零售成本/折率	285	38	零售成本/折率	299	38
毛利/毛利率	465	62	毛利/毛利率	488	62
增值税及附加	75	10	增值税及附加	79	10
门店成本	323	43	门店成本	339	43
租售比	219	29	租售比	219	28
薪资	83	11	薪资	83	11
陈列	10	1	陈列	10	1
营销费用	1	0	营销费用	17	2
其他	10	1	其他	10	1
门店利润	67		门店利润	70	
门店利润率		9	门店利润率		9

营销总预算	50 万元	现有零售收入	750 万元
分摊时间	3 月	目标零售收入	786 万元
每期分摊金额	17 万元	增幅	5%

灰色区块设置为公式，修改其他地方数字自动计算

建立促销活动策划成本结构及预算模型

营销人员在确立了大致的目标和需求后，就可以开始设计促销活动的成本预算模型。在设计过程中，需考虑到活动面向的目标消费者、促销活动的形式以及可能采用的媒介和渠道以及奖励措施等内容。同时，在设计过程中还要充分考虑到所需要的时间和人力成本。

以价格类促销活动为例，前期，营销人员如果不具备财务思维，可以与财务部门合作，利用以往经验和数据，结合各类型活动的具体情况，针对不同类型的促销活动进行预算和成本管理，制定相对应的成本预算模型，最大

限度地降低预算成本和风险（如表 15-3 所示）。

表 15-3 价格类促销活动

细项	细化指标
促销策划	促销目的：促销规模多大？是处理库存？是提升销量？是打击竞争对手？是新品上市？还是提升品牌认知度及美誉度？ 促销对象：针对每个人或是哪一特定群体？哪些人是促销的主要目标？哪些商品参与促销？是否限量抢购？ 活动内容：降价？价格折扣？赠品？抽奖？礼券？ 促销时间：开始时间？持续多久？是否特定日期？是否特定时间？ 活动范围：仅限直营？加盟联动？特定区域？特定市场？特定店铺？
促销种类	折扣类：指定价格、直接折扣、条件折扣等 立减类：买满立减、捆绑立减、折后立减等 赠送类：买满即送、折后再送、加 × 元再送等
利润测算	总金额 = SUM（单价 × 数量） 折后金额 =SUM（单价 × 数量 × 折扣率） 应收金额 = 总金额 + 总附加 − 总折扣 假设购买两件商品　　　　　　　　产品 1：1999 元　　产品 2：1599 元 买一送一　　　　　　　　　　　　折扣率　　　　　　55.56% 首件正价第二件五折　　　　　　　折扣率　　　　　　72.22% 买满 3000 元减 1000 元　　　　　　折扣率　　　　　　72.21% 买满 3000 元送价值 999 元礼品（成本 199 元）　折扣率　　94.47% 买满 3000 元送价值 999 元礼品（成本 299 元）　折扣率　　91.69% 买满 3000 元送价值 999 元礼品（成本 399 元）　折扣率　　88.91% 买满 3000 元送价值 999 元礼品（成本 499 元）　折扣率　　86.13% 买满 3000 元送价值 999 元礼品（成本 599 元）　折扣率　　83.35% 买满 3000 元送价值 999 元礼品（成本 699 元）　折扣率　　80.57% 买满 3000 元送价值 999 元礼品（成本 799 元）　折扣率　　77.79% 买满 3000 元送价值 999 元礼品（成本 899 元）　折扣率　　75.01% 买满 3000 元送价值 999 元礼品（成本 999 元）　折扣率　　72.23% 买赠形式的折扣控制明显优于直接折扣类
系统设定	第 1 步：参与商品分类（定义商品组） 第 2 步：设定活动生效时间（日期 / 星期 / 时间） 第 3 步：商品约束（买什么商品） 第 4 步：设定优惠范围（买多少） 第 5 步：定义结果（立减 / 折扣 / 赠品 / 礼券）

合理设定活动效果预估及评价系统

促销活动的主要目标是提升品牌影响力和市场占有率。因此，在设定活动效果评估及评价系统时，还要充分考虑以下因素和指标。

（1）销售数据。观察促销期间和促销后的销售数据，包括销售额、销售量、销售额的增长率等。如果这些指标在促销期间和促销后有显著增加，那可能意味着促销达到了销售目的。

（2）顾客反馈。收集和分析顾客的反馈，包括其对促销的态度、满意度和购物体验。积极的顾客反馈通常是促销成功的标志。

（3）目标达成。将促销的目标与实际结果进行比较。如果促销的目标是增加销售量10%，而实际上销售量增加了15%，那么促销已经达成了目标。

（4）市场份额。观察市场份额是否在促销期间增加。如果在竞争市场中获得了更大的份额，那么促销可能已经成功。

（5）客户增长。分析新客户的数量是否有增长。如果促销吸引了新客户，这也可能是促销达到目的的标志。

（6）平均交易金额。观察促销期间客户的平均交易金额是否有提高。如果客户在促销期间购买了更多或更高价值的产品，那可能是促销成功的迹象。

（7）客户忠诚度。监测促销后客户的回头率。如果客户在促销后继续购买，并成为忠诚客户，那可能是促销的成功标志。

（8）成本效益。分析促销的成本与销售额增加之间的关系。如果促销带来的额外销售可以覆盖促销的成本，并且还有盈利，那么促销可能是有效的。

（9）竞争环境。考虑市场竞争环境，观察竞争对手是否也采取了类似的促销策略，以及是否能够在竞争中脱颖而出。

（10）客户行为分析。使用数据分析工具来跟踪客户的行为，例如其购买路径、停留时间、购买频率等。

品牌层面和销售层面的两大指标如表15-4所示。

表15-4 品牌层面和销售层面的两大指标

细分项目	指标
品牌层面	品牌知名度／百度指数／微信指数； 品牌第一提及率／品牌满意度／品牌忠诚度； 品牌公关广告价值；品牌声量（转评赞）； 收视率（节目赞助）； 品牌资讯浏览量
销售层面	市场份额占比增幅； 收入／利润／投资回报率； 销售增幅／可比／环比／同比； 现有客单价／现有客单件／现有消费笔数； 目标客单价／目标客单件／目标消费笔数； 新增会员数／会员销售占比／会员复购率／会员客单价／会员客单件／会员消费笔数

综合考虑以上因素，可以更好地评估促销能否达到既定的目标和期望。

但是，以上指标并不是每家公司都必须全部关注，不同类型的促销可能会有不同的评估指标，因此根据自身的具体促销策略和目标来确定评估方法，判断自己到底需要关注哪些指标。

总之，营销人员具备财务思维，可以帮助营销人员更加深入地了解自身业务的发展状况，这种了解不仅仅是理解表面的财务数字，而是帮助营销人员更加深入地了解公司的商业运作模型，了解公司的经营运作情况。并且让营销人员可以站在公司的战略高度，结合财务数据对公司的发展进行前瞻性的分析和预测，这既可推动业务改进和创新，还可以为公司决策提供有力支持，从而在公司决策中发挥应有的影响力。

THE ART OF
SUCCESSFUL
PROMOTION

第三部分
移动互联网时代促销的改变

第 16 章
移动互联网时代市场营销环境的变化分析

促销策划必须要适应当前社会情况，紧跟时代脉搏，与当下的消费者做紧密链接，清晰地了解消费者的需求和喜好，而不是做一个自己喜欢但与市场及消费者脱节的促销活动。

在分析移动互联网时代市场营销环境的变化之前，让我们再回顾一下促销的定义，促销就是营销者向消费者传递有关本企业及产品的各种信息，说服或吸引消费者购买其产品，以达到扩大销售量的目的的一种活动。促销实质上是一种沟通活动，即营销者（信息提供者或发送者）发出作为刺激消费的各种信息，把信息传递到一个或更多的目标对象（即信息接收者，如听众、观众、读者、消费者或用户等），以影响其态度和行为。常用的促销手段有广告、人员推销、网络营销、营业推广和公共关系。

促销属于市场营销的一部分。因此，要做好促销，就不能把促销独立开来，而是应该站在市场营销的角度，结合市场营销环境特征，打造具有品牌态度的促销策略。市场营销环境也称市场经营环境，是指处在营销管理职能外部影响市场营销活动的所有不可控制因素的总和。根据企业对环境因素的可控度，企业市场营销环境可分为市场宏观环境和市场微观环境。宏观环境则由社会／经济环境、文化环境、人口环境等因素组成。微观环境因素包括企业、供应者、营销代理、顾客、竞争者和公众等。本书重点关注的是市场宏观环境中社会／经济环境和文化环境的变化。

社会 / 经济环境趋势变化

中国力量

国民信心进一步提升，"以国为潮"的观念不断深化。

在中国，随着国家实力的增强和国民信心的提升，"以国为潮"的理念正日益深入人心。根据《启航中国－国货品牌力发展报告》《2020百度新国货机会洞察》以及《2020新国货之城报告》的数据显示，国货品牌正迎来前所未有的发展机遇。74%的消费者认为国货品质有了显著提升，70%的消费者更加倾向于选择中国品牌。在天猫平台上，过去三年内涌现出了10万个新品牌，未来三年计划重点培育1000个年销售额过亿元的新兴品牌，这相当于每天诞生一个过亿新品牌。

在年轻消费者群体中，国货品牌尤其受到青睐。25至35岁的消费者对国货品牌的认可度最高，其次是18至24岁的年轻消费者。那些能够精准定位细分市场、通过创新或重塑品类来满足消费者需求，或者产品本身具有强烈传播性和社交性的国货品牌，更受大众的欢迎。

国潮元素在产品设计中的融入也受到了消费者的广泛欢迎。75%的消费者表示喜欢那些在设计上融入国潮元素的产品；69%的消费者认为产品中融入国潮概念会增加他们的购买意愿；69.4%的消费者表示愿意接受不同产品与国潮概念的结合。这些数据表明，国潮元素已经成为推动国货品牌发展的重要动力，并且深受年轻消费者喜爱。

美好消费

中国消费者已经不再简单地满足生活和生存的需求，而是追求更高层次的精神层面的美好消费。

在新时代的消费环境中，中国消费者的需求已经超越了基本的生活和生存层面，他们开始追求更高层次的精神满足，这种趋势被称为"美好消费"。随着移动互联网和信息技术的飞速发展，以及 GDP 的稳步增长，特别是在后疫情时代，新产品、新模式和新理念层出不穷，这些都激发了中国消费者对美好生活的渴望。这些渴望虽然体现在生活的各个方面，但最终都会转化为消费行为。

在美好消费的趋势下，价格不再是消费者决策的唯一或主要因素。消费者在选择产品或品牌时，更加注重产品或品牌所能提供的情绪价值，即价格与价值的比率。虽然价格仍然是一个考虑因素，但消费者最终会基于产品或品牌所传递的情感价值来做出购买决策。这种转变反映了消费者对品质、个性化和品牌故事的重视，他们愿意为那些能够提升生活品质、体现个人品味和价值观的产品或品牌支付溢价。

场景创新

激发场景力量，创新场景塑造为品牌带来话题、流量、自发传播等。

场景创新是零售业发展的重要趋势，它涉及零售三要素——"人、货、场"的重构与融合。这一过程的核心在于深入理解消费者的需求，以人为本，创造与消费者生活方式紧密相连的消费场景。随着消费者需求的演变，从满足基本生活需求转向追求更精致、更有品质的生活，场景创新成为满足这种转变的关键。

在全渠道数字化零售生态中，消费者不再局限于单一的购物渠道，而是更加倾向于线上线下融合的消费体验。这种融合不仅提升了购物的便利性，也为品牌创造了更多与消费者互动的机会。

场景直接面向消费者（DTC）的模式，特别是聚焦内容的场景，正推动着新观念品牌的崛起。这些品牌通过 KOC（关键意见消费者）社群的影响力，以及对特定生活方式的深度渗透，不断创造新的消费场景，激发消费者的参与热情。例如，云场景的兴起，如云健身，就是在防疫期间通过直播健身的形式，将健身教练、运动 KOL、体育冠军和娱乐明星等多元化角色引入线上，他们作为在线的健身伙伴，带领居家人群开启新的运动生活方式。这种模式不仅刷新了居家运动的形式，也极大地提升了大众的参与感和体验感。通过这样的场景创新，品牌能够更好地与消费者建立情感链接，提升品牌影响力。

极致体验

基于满足消费者痛点及使用场景所做的最优选择。

在移动互联网时代，新品牌要想在激烈的市场竞争中脱颖而出，关键在于提供极致的用户体验。这种体验不仅仅是产品或服务本身的质量，更包括了与消费者互动的每一个环节。品牌需要在专业性、简洁性和审美性上做到最好，比如，在专业领域做到无可替代，在设计上追求极简，让用户无须过多思考就能做出选择，在美学上追求极致，让用户眼前一亮。

极致体验的核心在于以消费者为中心，从消费者的需求出发，深入理解并解决他们在使用过程中遇到的问题。这意味着品牌需要不断倾听消费者的声音，理解他们的痛点，并在此基础上提供解决方案。

极致体验并非一成不变，而是一个动态的、持续改进的过程。品牌需要通过与消费者的持续互动，收集反馈，不断优化产品和服务，以适应消费者不断变化的需求和期望。这种以用户为中心的持续创新和改进，是品牌在市场中保持竞争力的关键。

内容社交

内容是最有效的社交，时下流行的圈层文化就是基于相同文化价值内容的社交产物。

内容社交已成为当今社交互动的核心，它基于共享的文化价值和兴趣点，形成了紧密的社交圈层。互联网的本质在于链接，而内容的价值正是在这种连接中得以体现。在移动互联网时代，全民创作和消费的趋势催生了许多以"人—内容—人"为链接形态的社区产品，如抖音、小红书、微信视频号等，这些平台通过内容创作和分享，促进了用户之间的互动和交流。

圈层文化为消费者提供了信息聚焦，满足了他们对特定内容的需求，同时也提供了归属感和信任感，这是社交互动的基础。品牌在构建圈层文化时，需要平衡消费者的内容消费需求和社交互动需求，通过提供有价值的内容和促进有意义的社交活动，来提高用户对品牌的忠诚度和参与度。

兴趣已成为新型的社交货币，它重塑了社交价值结构。基于共同兴趣的社交群体往往具有较高的黏性，成员之间更容易找到归属感，并通过分享和讨论共同兴趣，加深彼此之间的联系。这种基于兴趣的社交模式不仅促进了信息的传播，也为品牌提供了与消费者建立深层次联系的机会。通过内容社交，品牌能够更好地理解消费者，并通过提供符合其兴趣的内容，来吸引和留住用户。

文化环境趋势变化

文化作为一种强大的精神力量，能够在人类认识和改造世界的过程中转化为推动社会发展的物质动力。随着社会结构的日益复杂化和信息流通的加速，新的文化形态不断涌现，它们不仅反映了社会变革和发展的多维需求，而且丰富了人们的精神生活，为社会提供了新的表达方式和交流平台。这些

促销胜经
The Art of Successful Promotion

新兴文化推动了文化多元化的进程，使得社会能够更加灵活地适应和应对快速变化的环境。

通过这种多元化的文化生态，个体得以在更广阔的视野中寻求自我认同和发展，同时，不同文化之间的交流与融合也为社会带来了新的活力和创造力。这种文化交流和融合不仅促进了社会的整体进步，也增强了社会的包容性和凝聚力。在这样的文化环境中，个体和集体都能够找到适合自己的发展路径，共同塑造一个既充满活力又充满包容性的当代社会。

潮流文化

潮流文化的核心价值在于其对创新的不懈追求和对个性表达的强调。这种文化起源于美国的冲浪和街头文化，其本质是对传统规范的挑战和对主流价值观的反思。自诞生之初，潮流文化就体现了一种对既定社会结构和不利因素的不认同，它鼓励个体保持独立思考、勇于表达自我，并通过独特的风格和行为来彰显个性。潮流文化通过其独特的语言、艺术形式和生活方式，为那些寻求与众不同、追求自由表达的人们提供了一个表达自我和建立身份认同的平台。

潮牌已经成为中国年青一代时尚消费的热门选择。这些品牌通常以其独特的风格和内核吸引着追求个性表达和自我认同的消费者。潮牌的设计往往融合了叛逆精神、独立思考、小众文化和个性化元素，它们通过混搭不同的风格和元素，形成了一种独特的审美和文化表达。潮牌不仅代表了一种时尚趋势，更是亚文化和非主流文化的体现，它们通过潮流产品传达出一种文化态度和生活方式。潮牌最显著的成就之一是成功地构建了一个"年轻文化共同体"，这个共同体吸引了那些具有相似价值观和生活方式的年轻人。在这个共同体中，年轻人不仅能够找到归属感，还能够通过潮牌的产品和文化活动来展示自己的个性和态度。潮牌通过这种方式，不仅满足了年轻消费者对时尚的需求，更重要的是，它们提供了一个平台，让年轻人能够自由地表达自己，与志同道合的人建立联系，共同塑造和推动年轻文化的发展。

国潮（中国潮流文化与品牌）文化的兴起，不仅体现了中国消费者对本土文化价值的重新认识和重视，也展示了中国品牌在全球化背景下的自信和创新能力。它结合了中国传统文化的精髓与现代审美，通过时尚、艺术、设计等多种形式，唤醒了国人对民族自豪感和文化自我认同的共鸣。国潮文化正以其独特的魅力，影响着年青一代的生活方式和消费选择，成为连接传统与现代、东方与西方的文化桥梁。在当前社会，"国潮"已超越了单纯的现代流行词汇，它成为文化创意的新风向，引领着一种趋势和概念。

极限文化

随着经济的蓬勃发展，当代社会的物质需求已得到广泛满足，然而，年轻人对于个性表达和丰富生活体验的追求却日益增长。在这种背景下，人们对自然的渴望、人类固有的冒险精神，以及现代都市生活中高压力和快节奏带来的心理需求，共同激发了人们对精神需求的探索和寻求刺激的强烈欲望。这些因素相互作用，促进了极限文化作为一种新兴文化现象的迅速兴起，它不仅满足了人们在物质生活之外的精神追求，也为个性表达和生活体验提供了新的平台。

极限文化代表一种对活力、激情、勇气和冒险精神的崇尚，它鼓励人们在面对挑战时展现不屈不挠的斗志，并在自我挑战和超越中寻求成长。这种文化倡导回归生活的本质，强调在逆境中坚持和自我实现的重要性。极限运动作为极限文化的实践载体，为当代年轻人提供了一个独特的舞台，使他们能够在超越身体极限的同时，深入探索自我潜能，实现个人的精神成长和自我超越。通过参与极限运动，年轻人不仅能够体验到身体上的极限挑战，还能够在精神层面获得满足，这种满足来源于对自我能力的重新认识、对未知的勇敢探索以及对生活意义的深刻领悟。

极限运动已经超越了传统竞技体育的界限，它不仅仅是一种体育活动，更是一种生活哲学和态度的体现。这种运动倡导的是对生命的热爱、对挑战的勇敢面对，以及在不断超越自我中对生活的深刻理解和感悟。极限运动强调的是参与的过程、挑战的勇气，以及在极限挑战中对自我的深刻认识。它为年轻人提供了一个释放压力、展现个性和追求极致体验的平台，使其在快节奏的现代生活中找到了一种平衡。

二次元文化

二次元文化远不止观看动漫这一行为，它代表了一种叛逆精神、硬核态度以及强烈的个性表达。这种文化与现实世界保持着一种独特的距离感，形成了一种独特的亚文化现象。随着时间的推移，二次元文化已经超越了传统意义上的"内容消费品"范畴，它已经成为"Z世代"群体的生活情趣、审美偏好和价值观的重要体现。在中国，二次元文化尤为盛行，拥有庞大的用户基础和丰富的内容生态。Bilibili作为中国最大的二次元应用平台，涵盖了动漫、游戏、弹幕视频、鬼畜等多种内容形式，它不仅为用户提供了一个分享和发现二次元文化的平台，也成为这一文化群体的聚集地，促进了兴趣与群体文化的交流和发展。

二次元文化圈内涵盖了多种亚文化，如治愈系、萌宠系、燃系、热血系等，这些类型通常源自动漫作品，已成为年轻人表达自我情感和感受的标签。在中国，特别是"Z世代"群体中，"国风国潮"文化独树一帜，已成为主流文化的一部分。这一文化现象不仅反映了年轻人对传统文化的热爱，也体现了他们对现代流行文化的接纳。尽管在老一代看来，国风国潮与日系二次元文化可能存在矛盾，但在"Z世代"中，这两种文化却能够和谐共存、相互融合，展现出这一群体独特的文化认同和审美取向。

二次元文化正深刻塑造着"Z 世代"年轻人的社交习惯和消费模式。它不仅是这一群体通用的社交语言，还在无形中影响着他们的内容消费选择，成为驱动他们消费行为的关键情感因素。根据 AdMaster 发布的《Z 世代社交报告》，截至 2018 年上半年，中国泛二次元人群已达到 3.46 亿（核心用户约 9000 万），其中 68% 的年轻人表示会因为二次元元素而对产品产生购买兴趣，22% 的年轻人则表示只要产品包含喜欢的二次元元素就会毫不犹豫地购买。至 2019 年，这一数字进一步增长至 3.9 亿。与二次元相关的周边产品，用户每年的平均消费额超过 1700 元，活跃的二次元内容消费者数量达到 568 万人，而边缘活跃的二次元内容消费者则高达 8028 万人。这些数据表明，二次元文化已经成为影响"Z 世代"消费决策的重要文化力量。

盲盒文化

盲盒文化已经成为一种现象级的亚文化现象，其核心在于高品质潮流玩具的吸引力。盲盒起源于潮流玩具，而潮流玩具本身则是潮流文化的一个重要组成部分。在当前市场中，盲盒热潮持续升温，国内潮流玩具产业正处于快速发展期，根据 Mob 研究院的数据，预计盲盒市场规模从 2015 年 22.6 亿元到 2024 年将达到 300.2 亿元。

盲盒文化的主要消费者群体是"Z 世代"，这一代人是在 ACG（动画、漫画、游戏）的熏陶下成长起来的。根据 Mob 研究院发布的《2020 盲盒经济洞察报告》，盲盒的核心消费者群体包括一线城市的"Z 世代"女性白领和大学生，他们对新事物的接受度较高，更愿意为了兴趣和情感价值而进行消费。盲盒文化的兴起反映了我国"Z 世代"的消费心理和文化逻辑。从购买盲盒到参与盲盒的"炒作"，这一现象背后是当代媒介文化转型以及"Z 世代"逐渐成为文化消费主力的多重因素共同作用的结果。这种文化现象展现了年青一代对于个性化、情感化消费的追求，以及他们在社交和文化表达方面的独特需求。

盲盒文化为"Z世代"提供了一种独特的消费体验,它不仅满足了他们对惊喜感的追求,也激发了他们的收藏欲望。盲盒的不确定性抽奖机制带来了一种赌博式的惊喜,当消费者最终获得心仪的玩具时,这种惊喜转化为满足感,进一步刺激了他们的购买欲望。强烈的购买欲和收藏欲推动了盲盒的高频次复购行为。此外,盲盒还具有强烈的社交属性。收集盲盒的行为本身增加了购买的乐趣,而当收集完整套系列时,消费者会感受到一种圆满的"安全感",这不仅为个体提供了一种自我定义的方式,而且当盲盒爱好者聚集在一起时,这种收集行为便具有了社交价值,成为一种社交货币。

盲盒的高溢价特性也不容忽视。特别是那些限定款和隐藏款,通过饥饿营销策略,使得其价值远超其实际成本,这种稀缺性不仅增加了盲盒的吸引力,也使得盲盒成为一种投资和炫耀的载体。这种独特的圈层文化使得盲盒不仅仅是一种玩具,更是一种文化现象,它反映了年青一代的消费习惯和社交需求。

种草文化

"种草文化"在本质上代表了新时代消费主义的一种表现形式,它是内容营销策略的产物。最初,"种草"这一概念在美妆论坛和社区中流行开来,随着移动互联网的兴起,它迅速扩散到了微博、微信等社交媒体平台。"种草"泛指将某一产品或事物推荐给他人,使对方产生兴趣和好感的过程。之后,这一概念被品牌广泛采用,通过网红和KOL(关键意见领袖)进行带货营销。

与"种草"相关的还有一系列"草"系词汇,如"长草"和"拔草"。"长草"描述的是一个人对某件物品的强烈渴望和占有欲,这种欲望随着时间的推移而不断增长。而"拔草"则是指当一个人发现之前被种草的物品并未达到预期,或者由于经济原因无法购买时,选择放弃购买的过程,从而消除了内心的购买冲动。这些词汇反映了消费者在面对"种草"推荐时的心理变化和购买决策过程。

"种草"现象实际上是一种基于情感价值的模仿行为，它根植于人类天生的模仿倾向。法国社会学家塔尔德在其著作《模仿律》中提出，模仿是人类的本能，是生物特征的一部分，人们通过模仿来实现行为的一致性。塔尔德总结了三条关键的模仿律。

下降律：这一规律指出社会地位较低的个体倾向于模仿社会地位较高的个体。在消费行为中，这表现为人们倾向于模仿那些他们认为地位更高的人的选择和行为。

几何级数率：塔尔德认为，在没有外部干扰的情况下，一旦模仿行为开始，它会以几何级数的速度增长，并迅速在社会中传播开来。

先外后内律：这一规律说明个体在模仿本土文化及其行为方式时，总是优先于模仿外来文化及其行为方式。

"种草"作为一种模仿消费行为，其深层动机在于寻求身份认同。消费者通过购买被"种草"的产品，希望能够与那些他们所崇拜或希望与之相似的人建立联系，这种心理可以归结为模仿律中的下降律。通过模仿，消费者试图在社会中获得一种认同感，这种认同感往往与社会地位、文化认同或个人形象有关。

总之，了解外部市场环境发展变化及趋势对于企业来说至关重要。

（1）了解市场环境有助于企业或个人制定更有效的业务策略和决策，确保其与市场需求和趋势保持一致。

（2）通过分析市场环境的变化，可以识别新的商业机会和潜在的风险，从而及时抓住机会并规避或减轻风险。

（3）了解市场趋势有助于企业保持或建立竞争优势，通过创新和适时调整策略以应对市场变化。

（4）通过市场环境的了解可以提供关于消费者行为、偏好和需求的洞察，帮助企业更好地满足客户需求。

（5）了解市场环境还包括了解相关法律、规章和政策的变化，这对于确保企业遵守行业规范和法律要求至关重要。

（6）特别是在技术迅速发展的今天，了解技术趋势并适应技术进步对于保持产品和服务的现代化和竞争力是必要的。

（7）通过了解市场环境，组织能够优化并更有效地配置其资源，如资金、人力和时间，以最大化投资回报。

（8）对市场环境的深入了解是确保企业或个人长期生存和成长的基础，特别是在不断变化的经济环境中。

所以，作为商业互动关键环节的促销策划要想获得成功，关键在于立足"活在当下"，与消费者建立情感价值的链接，然后通过情感价值沟通吸引消费者的注意力，激发兴趣，并提升品牌好感度，最终推动产品或服务的销售。在当前的消费环境中，消费者对流行趋势和时尚元素的敏感度极高，促销策划若能紧跟这些即时兴趣点，及时响应市场和社会的动态变化，并且通过把握市场趋势和消费者行为特征，与消费者的生活方式和价值观相契合，品牌便能更好地与目标市场建立联系，增强品牌的相关性和吸引力，而消费者通过社交媒体分享的个人体验，又为品牌提供了额外的曝光和口碑传播机会。因此，企业需要深入研究并理解外部市场环境的发展变化趋势以前当前的社会文化背景，挖掘消费者需求，推演消费行为，然后根据这些趋势聚焦品牌促销体验创新，让品牌能够更紧密地与消费者的日常需求和兴趣爱好相链接，从而提升促销活动的效果和品牌的市场影响力。

第 17 章
移动互联网时代促销方式的转变

随着移动互联网的迅猛发展,促销信息的传播方式经历了革命性变化,同时促销活动的个性化、互动性和效率也得到了显著提升。企业得以利用更多样化和创新的促销手段来吸引和保持消费者的注意力。云计算技术的快速发展,比如物联网、虚拟化、大规模数据管理和分布式资源管理等,为市场营销带来了新的机遇。兴趣电商、社交电商和直播电商等新兴内容电商模式的兴起,正以颠覆性的方式重塑市场营销领域。

新兴内容电商模式强调"以消费者为中心",消费者的需求和偏好在产品开发和销售过程中起着决定性作用。这表明市场已经进入了一个新的时代,新时代的市场营销特征主要体现在数字化、个性化和内容社交化等方面。

数字化使企业能够通过数据分析、科技手段来更好地理解消费者行为和偏好,从而实现精准营销。

个性化则要求企业提供定制化的产品和服务,以满足不同消费者的独特需求。

内容社交化则强调通过社交媒体和内容营销来建立品牌与消费者之间的情感联系,以及消费者之间的互动和分享。这些趋势共同推动了市场营销策略的演变,使企业能够更加有效地与消费者沟通,提升品牌影响力和市场竞争力。

数字化

在数字化时代，消费者群体、消费习惯和偏好正经历着快速的演变。英国奢侈品牌 Burberry，作为时尚界的先锋，自 2006 年起就立志成为数字化时尚奢侈品牌的领军者。如今，数字化已成为 Burberry 业务战略的核心。

Burberry 的数字化营销策略随着科技的创新而不断进化。品牌通过数字旗舰店、互动式宣传和时装秀场的实时直播等方式，为消费者提供了全新的购物体验。在 Burberry 的数字旗舰店中，顾客可以挑选带有 RFID（射频识别）标签的服装。当顾客进入试衣间，试衣镜会转变为互动数码屏幕，触发一系列互动视频。这些视频不仅展示了产品的制作过程，还包括 T 台秀片段、搭配建议以及独家内容，为顾客提供了丰富的视觉体验和产品信息。

此外，Burberry 还运用 3D 技术打造了曲面屏幕互动广告，让顾客能够通过手机设计个性化的围巾。顾客只需摇一摇手机，就能在屏幕上看到自己设计的围巾效果。这种创新的互动体验不仅增强了顾客参与度，也提升了品牌形象。

Burberry 的时装周直播同样展现了数字化销售的潜力。顾客无须亲临现场，即可通过 iPad 观看时装秀，并直接在线下单购买。这种无缝链接的购物体验，不仅提高了顾客的购买便捷性，也增强了品牌与消费者之间的互动。

Burberry 通过一系列数字化创新，成功地将科技与时尚结合，为消费者提供了更加个性化和便捷的购物体验，提升了客户对品牌的好感度，同时也巩固了其在数字化时尚领域的领导地位。

Burberry 的数字化策略主要有以下几个特点：

第一，大数据运用。Burberry 在大数据应用方面展现了前瞻性的策略，将实体零售店与社交媒体平台紧密融合，构建了一个多渠道的数据收集网络。通过这种整合，Burberry 能够全面捕捉和分析客户的行为数据、偏好以及互动模式。

这些丰富的数据资源使得 Burberry 能够深入理解消费者的个性化需求。品牌利用先进的数据分析工具，对收集到的数据进行深度挖掘，从而实现对客户的精准画像。基于这些洞察，Burberry 能够为客户提供量身定制的购物体验，包括个性化的产品推荐、专属的时尚建议以及定制化的服务方案。

此外，Burberry 还利用大数据分析来优化库存管理、预测市场趋势和指导产品设计。这种以数据驱动的决策过程，不仅提高了运营效率，也增强了品牌对市场变化的响应能力。通过这种全方位的数据驱动策略，Burberry 成功地将数字化转型融入其核心业务，为客户提供了更加个性化和沉浸式的购物体验，同时巩固了其在奢侈品市场中的领先地位。

第二，数字化跨界合作。2020 年，Burberry 与腾讯的跨界合作标志着奢侈品行业数字化转型的新篇章。双方携手在深圳推出了名为"Burberry 空·间"的精品店，这不仅是 Burberry 的一次创新尝试，也是奢侈品行业首家将社交零售概念融入实体店的案例。

"Burberry 空·间"店内的数字屏幕、服装上的二维码以及精心设计的数字化空间，共同构建了一个独特的购物环境。顾客可以通过扫描二维码，直接进入 Burberry 的微信小程序，体验线上线下无缝融合的购物流程。这种独创的零售模式，不仅增强了顾客的互动体验，也使得购物过程更加便捷和个性化。

此外，店内的数字化元素，如互动试衣镜、定制化的虚拟试衣体验，以及通过微信小程序提供的专属服务，都体现了 Burberry 在数字化跨界合作方面的前瞻性。通过此类创新的合作，Burberry 成功地将社交互动与零售体验相结合，为顾客提供了一种全新的、数字化的沉浸式购物体验，同时也展示了品牌在数字化转型道路上的领导力和创新能力。

第三，数字化互动广告。Burberry 在数字化互动广告领域展现了其创新精神，通过引入前沿技术，为消费者提供了一种全新的互动体验。在这种广告模式中，消费者只需轻点广告上的图标，即可获取商品的详细信息和资料，这种直观的操作方式极大地简化了消费者了解产品的过程。

此外，Burberry 还利用 360 度全景技术，让消费者能够全方位、无死角地查看产品。这种技术的应用不仅提升了产品的展示效果，也增强了消费者的购物体验。消费者可以细致观察产品的每一个细节，从而做出更加明智的购买决策。

这种数字化互动广告的实施，不仅体现了 Burberry 对消费者体验的重视，也展示了品牌在利用科技提升营销效果方面的先进性。通过这种创新的广告形式，Burberry 成功地将品牌故事与产品特性相结合，为消费者提供了一种既实用又富有趣味性的购物体验，从而在竞争激烈的奢侈品市场中保持了其独特的品牌魅力。

线上线下融合（O2O 模式）

O2O（Online-to-Offline）模式是一种创新的营销策略，它巧妙地将线上的互联网平台与线下的实体商务活动相结合。这种模式通过线上渠道吸引潜在消费者，然后引导他们到线下实体店进行实际体验和购买。通过这种方式，O2O 模式充分利用了线上线下各自的优势，为消费者提供了一个无缝链接的购物体验。

在 O2O 模式中，消费者可以在线上平台获取产品信息、比较不同选项的价格、阅读其他消费者的评价，这些功能使消费者能够做出更加明智的购买决策。同时，线下实体店提供了实物体验的机会，消费者可以亲自触摸和试用产品，这种亲身体验往往能够增强购买决策的确定性。

线上平台还提供了即时的客户服务和互动功能，这不仅增强了消费者的参与感，也提高了他们的满意度。企业通过线上收集的消费者数据，可以深入分析消费者的行为模式，从而优化线下的产品和服务，提供更加个性化的

第 17 章
移动互联网时代促销方式的转变

服务和定制化的促销信息。

此外，O2O 模式还允许企业进行多渠道整合，结合线上的广泛覆盖能力和线下的深度体验，打造了一个全方位的营销策略。这种策略不仅提升了消费者的购物体验，也为企业提供了一个更高效、更有针对性的营销途径。通过这种模式，企业能够更好地理解消费者需求，实现精准营销，同时提升品牌忠诚度和市场竞争力。

现阶段，O2O 促销模式在多个行业取得了显著的成功，包括那些传统上对数字化转型持谨慎态度的企业。以宜家为例，这家进入中国市场 22 年的瑞典家具巨头，已经逐步建立起一个包括官网、天猫商城、App、微信小程序等多渠道的数字化产品矩阵。宜家的数字化布局涵盖了零售、会员服务、售后服务、家具定制以及品牌宣传等多个方面，体现了其在数字化进程中的积极转型。

在上海，宜家尝试开设城市零售店，探索线上与线下相结合的零售新模式。据商业新知的报道，线下消费的社交化趋势日益明显，逛宜家已经成为一种流行的社交活动。顾客来到宜家，可能是为了从样板间中获取生活灵感，与朋友一起拍照，或者仅仅是为了在宜家的餐厅享用美食。据宜家的统计数据显示，约有 30% 的顾客到店主要是为了就餐，这反映了宜家在提供购物体验的同时，也在满足消费者的社交需求。

宜家注意到年轻消费者购物方式的变化，其倾向于先在网上浏览风格、寻找灵感，查询产品口碑，然后锁定品牌和具体型号，再选择线上下单或线下体验后送货到家。为了适应这种变化，宜家在其网站和应用程序上提供了家具和家居装饰品的在线浏览和购买服务，同时在实体店内提供实体展示和体验，甚至允许顾客通过应用程序在店内进行导航。

此外，宜家改变了以往因仓储和提货等原因而将店铺设在郊区的策略，开始在市中心开设城市小店。在这些新的线下门店中，宜家设置了多个数字化触点，以引导消费者向线上渠道转移，以适应消费者购物习惯的变化。在"双十一"期间，宜家天猫还推出了 100 层的 3D 虚拟家装城，让消费者在家中就能体验挑选家装产品的乐趣，享受实景逛街的感觉，自主搭配并一键购物，同时享受品牌商家的优惠促销价格，以及线下门店提供的售后服务。

通过以上举措，宜家不仅提升了顾客的购物体验，还成功地将线上线下资源进行了有效整合，展现了其在数字化转型中的创新能力和对市场变化的敏锐洞察。宜家的案例深刻揭示了 O2O 促销模式的核心要素：以消费者为中心，围绕其心理和行为模式构建线上线下一体化的购物体验。这种模式强调用户体验的连贯性和便利性，无论是在线上浏览、比较、咨询，还是在线下体验、购买、享受服务，消费者都能获得一致且高质量的服务。

O2O 模式的关键在于利用线上平台收集的消费者数据来优化线下服务。通过分析消费者的购买历史、偏好和反馈，企业能够更精准地了解消费者需求，从而提供更加个性化的产品和服务。这种数据驱动的策略不仅提升了顾客满意度，也增强了品牌的市场竞争力。此外，O2O 模式通过科技手段，如移动应用、社交媒体和虚拟现实技术，极大地提高了用户与企业之间的互动沟通效率。这些技术的应用使得消费者可以随时随地获取信息、参与互动，同时也为企业提供了实时响应和个性化营销的机会。

综上所述，O2O 促销模式通过整合线上线下资源，利用科技手段，以及以用户为中心的服务理念，创造了一个高效、个性化的购物环境。这种模式不仅提升了消费者的购物体验，也为企业提供了一个强大的工具，以适应不断变化的市场和消费者需求。

元宇宙

元宇宙（Metaverse）是一个通过科技手段链接与创造的、与现实世界映射与交互的虚拟世界，它提供了一个具备新型社会体系的数字生活空间，允许用户在其中进行社交、娱乐、工作等多种活动。这个概念最早来源于 1992

年的科幻小说《雪崩》，作者尼尔·斯蒂芬森在书中描绘了一个复杂的虚拟现实世界，人们通过自己的数字化分身在其中互动，并通过竞争来提升自己的地位。

2021年被誉为元宇宙元年，这一概念被视为互联网发展的终极形态，它融合了增强现实（AR）、虚拟现实（VR）和互联网等技术，旨在实现虚拟世界与现实世界的无缝对接。元宇宙的愿景是构建一个由多个相互链接的虚拟世界组成的网络，这些世界将提供丰富的互动体验，包括工作、游戏、交易和社交等。

随着技术的不断进步，尤其是AR、VR和区块链等关键技术的突破，元宇宙的概念正在逐步变为现实。全球已有多家公司投身这一领域的开发，如Facebook（现已改名为Meta）、Epic Games等，它们正在积极构建和完善各自的虚拟平台。这些平台的兴起预示着未来用户将能够在一个统一的元宇宙中进行各种活动，从而形成一个全新的数字生态系统。

元宇宙的兴起预示着互联网发展的新方向，它有可能成为互联网的下一个迭代，将重塑我们与数字世界的互动方式。在这个全新的数字空间，虚拟世界与现实世界在经济系统、社交系统、身份系统等多个层面实现了紧密融合。用户不仅能够在虚拟环境中工作、娱乐和社交，还能够通过虚拟替身进行消费，这预示着元宇宙将成为未来消费行为的新平台。Facebook创始人马克·扎克伯格对元宇宙的设想是，它将成为人们日常生活的一部分，人们可以通过虚拟替身在元宇宙中进行各种活动。这种设想强调了元宇宙在内容生产和世界编辑方面的开放性，每个用户都有可能成为元宇宙的创造者和参与者。相信随着技术的不断发展和市场的成熟，元宇宙将有望成为一个全新的社会和经济空间，它将改变人们的生活方式，重塑我们与数字世界的互动，开启互联网发展的新纪元。

虚拟游戏

虚拟游戏是数字娱乐领域的一个重要组成部分，它通常从简单的游戏机制和视觉设计开始，逐渐发展为复杂的互动体验。2019 年，奢侈品牌 Gucci 通过其官方应用程序推出了"Gucci Arcade"这一复古游戏厅板块，展示了品牌在虚拟游戏领域的创新尝试。

在这个板块中，Gucci 推出了六款各具特色的游戏，包括"蜜蜂快跑 Gucci Bee""古驰王牌 Gucci Ace""滑板高手 Gucci Grip""口红弹珠 Gucci Lips""星际穿越 GG Psychedelic"以及"保龄视界 Gucci Mascara Hunt"。这些游戏不仅为用户带来了娱乐体验，而且通过游戏内的地图设计，巧妙地融入了品牌故事和文化元素。玩家在游戏地图上的每一步都可能引导他们探索不同的游戏世界，而地图上的线路则通过按主题分类的徽章来展现 Gucci 的品牌故事。

玩家在游戏过程中可以收集这些徽章，并将其展示在"奖品陈列柜"中，增加了游戏的收藏价值。游戏结束后，用户可以查看自己在所有玩家中的全球排名，增加了竞争性和社交互动性。此外，用户还可以将他们的得分和收集的徽章分享到各种社交网络和即时通讯平台，进一步扩大品牌的影响力和用户参与度。

Gucci 的这一举措不仅提升了用户的互动体验，也展示了品牌如何通过虚拟游戏这一新兴媒介来增强品牌形象和用户忠诚度。通过将品牌故事和文化融入游戏设计，Gucci 成功地将虚拟游戏体验与品牌价值相结合，为奢侈品牌在数字时代的营销策略提供了新的思路。

在虚拟游戏最高形态的虚拟世界构建方面，Nike 在 2021 年采取了更为大胆的举措，通过在数字游戏平台 Roblox 上创建 NIKELAND，展示了品牌在虚拟空间的创新和影响力。Nike 的目标是在 Roblox 这个沉浸式的 3D 空间中，将运动和游戏融合为一种生活方式，为用户带来全新的互动体验。

NIKELAND 不仅仅是一个虚拟的展示空间，它还计划举办各种国际级别的体育赛事，如世界杯足球赛或美国超级碗等，将现实世界中的体育激情带入数字领域。此外，Nike 还计划在 NIKELAND 中持续推出与明星运动员相关的虚拟内容，以及展示和销售其品牌商品，进一步增强用户的参与感和品牌忠诚度。

通过在 Roblox 这样的平台打造 NIKELAND，Nike 不仅拓展了其品牌影响力，也为消费者提供了一个全新的社交和娱乐平台。这种策略不仅吸引了游戏爱好者，也为 Nike 的品牌故事和产品提供了一个全新的展示窗口，同时也为未来的营销活动和品牌互动开辟了新的可能性。Nike 的这一举措展示了品牌如何利用虚拟世界来增强与年青一代消费者的联系，以及如何通过数字化手段来推动品牌创新和市场扩张。

虚拟试衣

随着消费者对个性化购物体验的需求日益增长，虚拟试衣作为一种新兴技术，正逐渐成为服装零售行业的重要工具。虚拟试衣通过模拟真实试衣效果，帮助消费者在购买前预览服装的穿着效果，从而减少退货率，提升购物满意度。2019 年，Gucci 通过对其 iOS 客户端的更新，引入了一项创新功能：在 Gucci App 中，用户可以利用增强现实（AR）技术虚拟试穿品牌的经典 Ace 系列运动鞋。这一功能不仅允许顾客在购买前进行虚拟试穿，还能拍摄并分享自己"穿着"Ace 系列运动鞋的照片到社交媒体平台，增加了用户的互动性和参与度。

为了进一步提升用户体验，Gucci App 还为这一项目设计了专属的表情包和壁纸，用户可以根据自己的喜好进行个性化装饰，发挥创意。这一举措不仅增强了品牌与消费者之间的互动，也为 Gucci 的数字营销策略增添了新的活力。

2020 年 6 月 29 日，Gucci 进一步拓展了其 AR 技术的运用，与流行的图片视频社交应用 Snapchat 合作，推出了两款新的 AR 滤镜。这些滤镜涵盖了 Gucci Ace、Gucci Rhyton、Gucci Tennis 1977 和 Gucci Screener 四种不同风格的运动鞋试穿服务。Snapchat 平台的用户可以通过这些滤镜的 AR 技术，轻松虚拟试穿 Gucci 的运动鞋，并实现线上即时购买。用户只需在 Snapchat 上选择心仪的鞋子，然后将手机摄像头对准自己的脚，就能查看试穿效果，整个过程既快捷又方便。

Gucci 通过这些创新的 AR 体验，不仅提升了购物的便捷性和趣味性，还成功地将品牌带入了年轻消费者的日常生活，展示了品牌在数字化转型中的前瞻性和创新能力。

个性化体验

RTFKT Studios 是一家融合时尚潮流、增强现实（AR）和虚拟现实（VR）技术的创新公司。它由 Chris Le、Wissam AI-Madhon 和 Benoit Pagotto 于 2020 年共同创立，旨在将虚拟世界与奢华时尚领域相结合。RTFKT 的设计团队专注于创作稀有的运动鞋和限量版服装，这些作品不仅在现实世界中受到追捧，也在虚拟世界中具有较高的吸引力。

RTFKT Studios 通过与 Ready Player Me 等 VR 虚拟化身平台的合作，让玩家能够在虚拟空间中穿着他们设计的服装。这种跨界合作不仅扩展了 RTFKT 的受众基础，也为其品牌在数字领域创造了新的价值。

真正让 RTFKT Studios 声名鹊起的是其受到特斯拉 Cybertruck 启发而设计的 Cyber Sneaker。这款运动鞋以其独特的未来主义设计和与 Cybertruck 的紧密联系，迅速成为时尚和科技爱好者的热议话题。Cyber Sneaker 的成功不仅展示了 RTFKT 在设计上的创新能力，也体现了其在将现实世界中的时尚元素带入虚拟世界方面的前瞻性。通过这种个性化和独特的设计，RTFKT Studios 成功地在时尚与科技的交会点上树立了自己的品牌地位。2021 年 12 月，路透社消息称，耐克宣布正式收购虚拟时尚奢侈品设计公司 RTFKT Studios，希望通过收购能在快速增长的"元宇宙"中加快扩张步伐。

NFT（Non-Fungible Token）

NFT，即非同质化代币，是一种用于表示数字资产的加密货币令牌，这些资产可以是艺术品、音乐、视频、游戏物品、虚拟地产等多种形式。NFT 的独特之处在于其不可替代性，每个 NFT 都是独一无二的，具有独特的价值和属性。这种特性使得 NFT 在数字资产领域成为一种新兴的投资和交易工具。

NFT 基于区块链技术，确保了其所有权和交易记录的不可篡改性，从而为数字内容提供了一种新的版权保护和所有权验证方式。艺术家和创作者可以通过将作品转化为 NFT，实现对其作品的版权保护，并通过市场进行售卖，从而获得收益。

随着技术的发展，NFT 的应用已经超越了艺术品和收藏品的范畴，扩大至数字身份、版权许可、品牌授权等多个领域。例如，2021 年，埃隆·马斯克的一条推文，包括配文、剪辑和歌曲，被打包成 NFT 在网站上出售，最高售价达到 112 万美元，这一事件进一步证明了 NFT 在数字文化和经济中的影响力。

NFT 的出现为数字内容创作者提供了新的商业模式，同时也为投资者和收藏家提供了新的投资渠道。随着更多创新的应用场景的出现，NFT 将继续在数字经济中扮演重要角色。

由此可以看出，随着虚拟技术的不断进步和物品的数字化转型，数字艺术和其他创意领域正迎来前所未有的发展机遇。这些技术不仅为艺术家和创作者提供了新的表现平台，也为内容产业注入了新的活力，推动了其快速增长。

元宇宙作为虚拟世界的集合体，预示着一个新时代的到来。在这个全新的时代中，物品的价值越来越多地转移到了数字财产上，这不仅改变了人们对于财产和所有权的认知，也为现实世界的生活方式带来了变革。通过在元宇宙中拥有和交易数字资产，人们可以在现实世界中追求更加健康、简约和可持续的生活方式。

在元宇宙中，人们可以体验超越物理限制的创意表达，参与到全球性的社交互动，以及探索无限的虚拟经济活动。这种转变不仅仅是技术层面的，更是文化和生活方式的一次重大变革。随着元宇宙的进一步发展，我们可以期待一个更加多元化、互联互通的数字世界，它将深刻影响我们的日常生活和未来的社会结构。

虚拟偶像

虚拟偶像是指通过科技手段创造的非实体形象，它们可以是虚拟形象、动漫角色、虚拟歌手等，代表了一种新兴的娱乐形式。根据智研咨询发布的《2021-2027年中国虚拟偶像行业发展前景预测及投资战略研究报告》，2021年中国虚拟偶像市场规模达到5.08亿元，其中演出收入为0.62亿元，版权收入为1.42亿元，产品收入为3.04亿元，市场同比增速达到25.12%。同时，虚拟偶像衍生品的需求数量达到552.3万个。

虚拟偶像行业的快速发展主要得益于以下几个因素：

首先，二次元文化的广泛流行。这种文化已经超越了"亚文化"的范畴，成为市场主体的一部分。根据第一财经的《Z时代消费态度洞察报告》和伽马数据的统计，2020年中国动漫行业总产值超过2200亿元，动漫内容市场规模接近200亿元，且这一数字仍在逐年增长。

其次，"Z世代"消费者的崛起。"Z世代"（出生于1995年至2010年间的一代人）已经成为消费市场的主力军，他们对娱乐消费有着显著的影响力。"Z世代"年轻人通常拥有多元化的兴趣爱好，且二次元文化正在不断"泛化"，导致不同圈层之间的融合趋势日益明显。

最后，互联网巨头的参与。网易、腾讯、巨人网络等大型互联网公司纷纷宣布进入虚拟偶像产业，这为行业的发展提供了强大的推动力。同时，直播平台克拉克拉与微博及其他 MCN 机构的合作，也在积极扶持国内虚拟偶像产业的成长。

虚拟偶像行业正受益于二次元文化的普及、"Z 世代"消费者的支持以及互联网行业的积极参与，这些因素共同推动了虚拟偶像市场的快速增长和产业的蓬勃发展。随着技术的不断进步和市场的进一步成熟，虚拟偶像有望在未来继续扩大其在娱乐产业的影响力。

虚拟偶像发展经历了三个阶段：

1.0 时代：这一阶段奠定了虚拟偶像的基础模型，主要依托于 IP（知识产权）和技术支持。1984 年，《超时空要塞》中的林明美被认为是世界上第一位虚拟偶像，她的出现标志着虚拟偶像概念的诞生。

2.0 时代：在这一时期，虚拟偶像文化开始全面爆发，影响力迅速扩大。2007 年，初音未来作为代表人物，通过 VOCALOID 技术诞生，她不仅在音乐领域取得了巨大成功，还成为虚拟偶像文化的象征，开启了虚拟偶像的新纪元。

3.0 时代：这个阶段见证了虚拟偶像行业的快速发展，变现能力显著增强。技术迭代迅速，虚拟偶像不再局限于单一平台，而是通过跨平台合作，实现了更广泛的传播。同时，文化厂牌开始为虚拟偶像提供更多的赋能，IP 角色偶像化趋势明显，IP 的变现能力也得到了加强。这一时期的虚拟偶像不仅在音乐、动画领域活跃，还涉足了游戏、广告、直播等多个领域，形成了多元化的商业模式。

总的来说，虚拟偶像从最初的技术探索，到文化现象的兴起，再到商业价值的实现，经历了三个阶段的演变。随着技术的不断进步和市场的成熟，虚拟偶像将继续在娱乐产业扮演重要角色，为粉丝提供更加丰富和互动的体验。虚拟偶像根据技术要求、内容产出、商业模式分为三类：专业虚拟偶像、虚拟主播和虚拟形象（如表 17-1 所示）。

表 17-1　虚拟偶像的三种类型

类型	技术	内容	商业模式
专业虚拟偶像	要求高 ・专业动捕设备 ・3D 高精度建模 ・专业认识	专业生产内容 ・音乐 ・虚拟剧 ・Live	粉丝经济 商业代言
虚拟主播	要求中等 ・RGB 摄像头动捕 ・3D 或 Live2D 模型 ・人格魅力	重点打造产品／内容 ・娱乐／电商直播	电商带货 虚拟礼物
虚拟形象	要求低 ・手机摄像头 ・导入模型／默认模型	社交 ・未来发展成为基于虚拟形象的社交平台	虚拟道具

专业虚拟偶像

以虚拟歌姬、虚拟网红为主。

（1）虚拟歌姬。代表人物：初音未来、洛天依。首创模式：声音合成技术＋虚拟乐器＋角色形象。

虚拟歌姬的创作和传播，是通过声音合成技术和角色形象的结合实现的。这种创新的媒介形式激发了连锁反应，吸引了众多创作者参与其中。音乐制作者利用虚拟歌姬制作歌曲，而插画师则在这些虚拟形象上进行二次创作，进一步扩大其影响力。通过 MMD（MikuMikuDance）等工具，虚拟歌姬的形象得以在 3D 动画中生动展现，形成了一个以虚拟歌姬为核心的创作者网络，使其作品能够在全球范围内广泛传播。

虚拟歌姬的人设属性赋予了角色更加丰富的个性和故事背景，使其形象更加鲜活和立体。粉丝们不仅消费这些作品，还积极参与到角色形象的塑造中，为虚拟歌姬赋予新的人物设定，如初音未来的"世界第一公主殿下"形象，以及洛天依的"世界第一吃货殿下"等。这种互动性使得虚拟歌姬不仅仅是一个声音合成的载体，而是成为具有情感投射的对象。

此外，虚拟歌姬还具备模特属性，拥有多样化的服装和造型，这些服装不断更新，增加了角色的时尚感和吸引力。在内容创作和技术发展的双重推动下，虚拟歌姬逐渐被粉丝们视为"真人偶像"，在她们身上投入了深厚的情感。这种情感投入不仅加深了粉丝与虚拟歌姬之间的联系，也为虚拟偶像产业的持续发展提供了强大的动力。

目前，虚拟歌姬的商业合作主要集中在跨次元联动阶段，这一阶段的合作往往以短期的品牌跨界营销为主，目的是通过新奇的结合点吸引消费者的注意力，创造流量爆点。在这种合作模式中，虚拟IP形象通常保留了其原作的鲜明特质，而品牌元素则相对较少，主要通过跨界合作的新鲜感和趣味性来吸引关注。

品牌在这种合作中的IP灵活度有限，往往难以深入地将品牌价值观和虚拟IP形象进行深度融合。这种合作模式虽然能够迅速提升品牌知名度，但可能缺乏长期的战略规划和深度的品牌价值传递。随着虚拟歌姬和虚拟偶像市场的成熟，未来可能会看到更多品牌与虚拟IP形象之间开展更深层次的合作，探索更多元化的商业模式，实现品牌与虚拟偶像之间的长期共赢。

（2）虚拟网红。代表人物：利尔·米奎拉，专注时尚圈的时尚少女；伊玛，专注美妆、时尚领域的ModernGirl。

虚拟网红的营销策略借鉴了真人明星的打造方法，通过线上和线下的推广活动，实现了线上线下的无缝对接。线上，虚拟网红利用其网络特性，迅速积累流量和热度，有效吸引"Z世代"消费者的关注；线下，通过与真人明星的类似营销手段，虚拟网红能够进一步扩大其影响力。

虚拟网红的亚文化代表性使其与新一代消费者产生共鸣，增强了其号召力。此外，虚拟网红具有极高的营销适应性。在出类拔萃的营销团队支持下，虚拟网红的个人身份、生活方式、外貌、思想和行为可以根据不同品牌的需求进行精心设计和调整，以精准触动消费者的情感，实现商业价值的最大化。

超写实的虚拟网红更是突破了传统动漫人物和现有IP的局限，能够全面对标真人 KOL（关键意见领袖），体现出更强的真人替代性。与传统真人 KOL 相比，虚拟网红不受时间、空间限制，也不受外界因素影响，营销价值更加稳定可控，因此具有更高的潜在营销价值。

总的来说，虚拟网红作为一种新兴的营销工具，正在逐渐展现出其在品牌推广和消费者互动方面的潜力。随着技术的进步和市场的成熟，虚拟网红有望在未来的营销领域扮演更加重要的角色。

虚拟主播

代表人物：Vtuber 绊爱、Bilibili 菜菜子_Nanako。

虚拟主播通常采用二次元形象，这种形象和人格化设定与成长在二次元文化中的"Z世代"消费者产生共鸣，满足了他们对于个性化陪伴的需求。虚拟主播不受时间和空间限制，能够提供持续的陪伴，这对于寻求情感链接和娱乐的年轻观众来说颇具吸引力。

当虚拟主播作为品牌代言人时，它们能够为品牌带来独特的 IP 价值，并且可以通过定制化设计来满足特定营销需求。虚拟主播的形象不仅局限于直播场景，还可以在电影、动漫、游戏等多种媒介中进行跨平台联动，增强品牌影响力。

虚拟主播的运营不受物理局限，可以实现全场景全时段的直播，这为品牌提供了持续的曝光和互动机会。与真人主播相比，虚拟主播的成本更低，且表现更加稳定可靠。全时段的直播运营有助于提升直播数据，增加观众的观看时长和参与度，从而为品牌带来更多的潜在客户和销售机会。

综上所述，虚拟主播作为一种新兴的媒体形式，以其独特的优势在品牌营销和内容创作中展现出巨大的潜力。随着技术的不断进步和市场的进一步发展，虚拟主播将在未来的媒体生态中扮演更加重要的角色。

虚拟形象

代表人物：千喵——天猫虚拟形象代言人。

2020年8月，天猫正式宣布易烊千玺的虚拟形象"千喵"成为品牌代言人，并在淘宝平台内推出了"天猫LXSH平行世界"。这一创新举措通过"千喵"虚拟形象作为核心线索，将淘宝人生、洋淘、芭芭农场等多个产品功能进行了整合，构建了一个连贯的互动故事线。

在这个互动故事中，粉丝可以通过完成一系列精心设计的互动任务，与易烊千玺的虚拟形象"千喵"共处，从而满足他们对明星持续陪伴和互动的渴望。这种深度的粉丝参与体验不仅增强了粉丝的忠诚度和参与感，也为天猫平台带来了显著的流量增长。

天猫通过这种创新的营销策略，巧妙地利用易烊千玺作为明星的流量效应，吸引了大量粉丝的关注和参与。这种粉丝效应不仅为天猫带来了短期的流量，也为品牌与消费者之间建立了更加紧密的联系，同时为虚拟形象在品牌营销中的应用提供了新的视角和可能性。

随着增强现实（AR）和虚拟现实（VR）技术的不断进步，虚拟偶像正经历快速的发展，并且其商业价值随着技术的成熟而日益增长。与真人偶像相比，虚拟偶像展现出了独特的优势。

首先，持久的活力。虚拟偶像不受时间、体力等因素的限制，能够持续不断地参与宣传活动，保持品牌的持续曝光和关注度。

其次，高度定制化。品牌可以根据市场定位和目标受众的喜好，设计出符合品牌形象的虚拟代言人，从而更精准地触动消费者的情感，增强品牌与消费者之间的联系。

最后，成本效益。与真人明星相比，虚拟偶像的代言成本较低，品牌无须支付高昂的代言费用，这在一定程度上降低了营销预算。

然而，虚拟偶像也存在一些潜在的劣势：

一是缺乏真实情感。尽管虚拟偶像的形象逼真，但它们缺乏真人所具有的真实情感和人情味，这可能影响消费者与品牌建立深层次的情感联系。

二是信任度挑战。消费者可能会对虚拟代言人的真实性持怀疑态度，这可能对品牌的信任度和形象造成不利影响。

三是技术与创意要求。创造一个既吸引人又具有说服力的虚拟偶像形象，需要高水平的技术能力和创意思维。如果虚拟偶像的表现未能达到预期，可能会对品牌形象产生负面影响。

真人偶像与虚拟偶像对比如表17-2所示。

表17-2 真人偶像与虚拟偶像对比

	真人偶像	虚拟偶像
优势	·话题度高 ·接受度高 ·有粉丝基础 ·互动性强 ·产业链完善 ·更人性化	·科技标签符合时代发展趋势 ·可塑性强 ·可操控性强 ·可IP化操作 ·内容及形式更丰富 ·互动性强 ·无档期及塌房风险
劣势	·不确定因素较多 ·艺人可操控性不强 ·有档期及塌房风险 ·人工及时间成本高	·参与门槛高 ·二次创作成本高 ·创作周期长 ·产业链尚未形成 ·目标受众有局限性

虚拟偶像作为一种新兴的营销工具，品牌在利用其进行促销沟通时，需要权衡这些优势与劣势，以收到最佳的营销效果。另外，企业在发展虚拟偶像时要特别关注以下几个方面。

交互技术：随着交互技术的不断进步，虚拟偶像的拟人化程度日益提高，用户对其互动体验的期望也随之上升。虚拟偶像需要能够执行与真人明星相似的活动，这要求较高的技术水平。目前，许多虚拟偶像的互动能力仍处于初级阶段，主要限于简单的互动，缺乏深入与消费者沟通的能力。

资金投入：培养一个成功的虚拟偶像所需的资金投入相当可观。例如，制作一段 3D 动画视频的成本可能高达数十万元，而结合歌曲、舞蹈和音乐视频的制作费用可能达到数百万元。举办虚拟偶像的专场演唱会，仅 10 首歌曲的制作及相关费用就可能超过 2000 万元，这对中小型企业来说是一个巨大的负担，即使是行业头部企业也需要仔细考量成本效益。

培养周期：虚拟偶像的成长和认可需要时间。品牌需要投入大量内容创作、创意策划和一系列活动来吸引目标消费者。只有通过持续的努力，虚拟偶像才能建立起与消费者的情感联系，获得信任和依赖，从而保持其长期活力。

市场影响力：除了少数头部虚拟偶像外，大多数虚拟偶像的市场影响力有限。尤其是企业自行打造的虚拟代言人，其影响力往往较弱，难以有效影响消费者决策。虚拟偶像的长期发展仍面临诸多挑战。

总的来说，虚拟偶像的发展潜力巨大，但企业在开发和推广过程中需要考虑技术、资金、培养周期和市场影响力等多方面因素，以确保虚拟偶像能够成功地与消费者建立联系，并在竞争激烈的市场中脱颖而出。

AI 生成内容（AIGC）

内容生态的演进可以划分为四个主要阶段：专家生成内容（PGC）、用户生成内容（UGC）、人工智能辅助生产内容（AI-assisted Content Creation），以及最新的人工智能生成内容（AIGC）。AIGC，即 AI-Generated Content，指的是利用人工智能技术，通过分析现有数据中的模式，自动创作内容的方法。它不仅是一种内容分类，也是一种内容生产方式，并且代表了一类用于内容自动生成的技术集合。

根据内容的模态，AIGC 可以进一步细分为音频生成、文本生成、图像生成、视频生成，以及跨模态内容生成，即在图像、视频和文本之间进行内容转换和生成。

随着 AIGC 技术的日益成熟，全球顶级公司纷纷推出了能够显著提高内容生产效率的智能 AI 模型。例如，TikTok 已经开始利用 AIGC 为广告主提供高质量的广告脚本；Snapchat 则启用了具有高度情商的聊天机器人，以推荐个性化广告；而百度等国内领先互联网公司也发布了"共拓计划"，开放其 AIGC 营销操作系统。

目前，AIGC 的应用已经越来越成熟，多个行业都有成功的案例可供参考。这些案例展示了 AIGC 在提高内容创作效率、个性化推荐以及跨平台内容适配等方面的潜力。随着技术的进一步发展，AIGC 有望在内容创作、分发和消费的各个环节中发挥更大的作用，推动内容产业的创新和增长（如表 17–3 所示）。

表 17–3　AIGC 广泛应用及案例

行业	应用方式	案例
广告行业	借助 AI 制作宣传素材	《时尚芭莎》36 周年纪念 AI 海报
设计行业	AI 辅助包装设计、服装设计出图	犀牛智造推出 AI 设计平台
营销定制行业	借助 AI 生成营销素材	百家号自动生成视频功能
漫画/动漫行业	配文自动生成漫画、插画、视频	AI 绘制《漠河舞厅》MV
游戏行业 AI	AI 辅助角色、道具、场景设计	日本游戏开发者使 Midjourney 生成素材开发横版射击游戏

OpenAI 的 ChatGPT 是 AIGC 领域中广为人知的工具软件之一。它能够根据用户提供的信息，快速生成高质量的文案和策略内容。ChatGPT 的高性能和准确性使其在短短两个月内就达到了月活跃用户 1 亿的里程碑。

ChatGPT 的优势在于能够迅速处理大量信息，提炼产品卖点，生成精准的描述，这在过去需要大量的人力和时间。升级版的 ChatGPT 4 进一步提升了精度和智能性，它不仅能够生成文本内容，还能与 Dalle 3 等图像生成工具结合，创建出配套的图片内容。此外，用户还可以训练自己的 GPTs 机器人，将其培养成个人助理，协助日常的工作和生活学习。

ChatGPT 4 还支持语音交互，其对话能力接近真人水平，使得与 AI 的交流更加自然流畅。对于想要学习英语的用户来说，ChatGPT 4 可以成为一个优秀的语言学习伙伴。

笔者在尝试使用 ChatGPT 4 创建一个新中国风女装品牌时，得到了相当出色的文案和策略建议。这些内容不仅符合品牌定位，而且具有高度的创意性和实用性，展示了 AIGC 在品牌建设和内容创作方面的潜力和价值。

YOU：我要创一个新中国风的女装品牌，以马面裙为核心品类，请帮我起五个品牌名字。

ChatGPT：创立一个以马面裙为核心品类的新中国风女装品牌是一个富有创意的想法。以下是为您构思的五个品牌名字，它们融合了中国传统文化的元素和现代审美：

（1）绮云阁：象征着如云般绮丽的女装，强调优雅和飘逸。

（2）翠华裳：翠指翡翠，华为华丽，代表着高贵典雅的风格。

（3）墨韵纱：墨色给人以深沉之美，韵指韵味，纱代表服饰材质，彰显古典与现代的结合。

（4）锦瑟年华：取自古诗，意味着美好时光，体现出古典韵味与时尚结合。

（5）绣春风：寓意着春风般温暖、柔和的服饰。

这些名字各具特色，既体现了中国传统文化的韵味，又符合现代时尚审美。您可以根据品牌定位和个人喜好选择最合适的名字。

YOU：请以锦瑟年华为我想一个品牌故事。

ChatGPT：品牌名称：锦瑟年华

品牌故事：在古代的一个繁华朝代，有一个被称为"锦瑟"的宫廷女乐师。她不仅精通音乐，还擅长织锦和制衣。锦瑟的名字源于她最爱的乐器——瑟，她的手工艺品和音乐一样，美丽而动人心魂。

锦瑟年华的创始人，现代女性林芊芊，偶然间在一本古籍中读到了关于锦瑟的故事。被她的才华和故事深深吸引的林芊芊，决定创立一个女装品牌，旨在将古代的优雅与现代的时尚完美融合，就像锦瑟将音乐与织锦结合一样。

品牌的核心产品——马面裙，是对古代女性服饰的现代演绎。每一件马面裙都象征着一段故事，一种文化，一种时代的美学。林芊芊希望通过这些服饰，让现代女性感受到古典美的同时，展现她们独特的个性和时代精神。

"锦瑟年华"不仅仅是品牌名，它代表了一种追求美好生活的态度，一种既尊重传统又敢于创新的精神。品牌通过每一件精心制作的服装，传递着这种精神，鼓励女性展现她们的优雅与力量，就像锦瑟一样，成为时代的佳话。

这个故事融合了历史、文化和现代时尚元素，旨在给品牌赋予深厚的文化底蕴和独特的品牌个性。

YOU： 请为锦瑟年华设定品牌宗旨、品牌愿景、品牌使命。

ChatGPT： 品牌名称：锦瑟年华

品牌宗旨：锦瑟年华致力于将中国古典文化的精髓与现代时尚设计完美融合，创造出既传承经典又符合现代审美的女装。

品牌愿景：成为一个在国际舞台上代表中国传统文化与现代时尚结合的先锋品牌，让全世界的女性通过锦瑟年华的服饰体验到中国古典之美的同时，展现自己的独立与个性。

品牌使命：

（1）文化传承：深入挖掘和传播中国传统文化和艺术，使其在现代时尚中焕发新生。

（2）创新设计：不断创新和突破，将古典元素以现代的方式重新诠释。

（3）高品质追求：坚持高品质的原料选择和制作工艺，确保每件产品的精致与耐穿。

（4）可持续发展：在材料和制作过程中考虑环境影响，推动可持续时尚。

锦瑟年华的品牌理念聚焦于将中国传统艺术与现代时尚相结合，旨在通过每一件服装展现中国文化的独特魅力，同时也致力于创造符合现代女性审美和生活方式的高品质时装。

此外，笔者在利用 ChatGPT 4 分析时尚行业的当前状况、特点及未来趋势时，也得到了内容丰富且深入的见解。这些分析不仅覆盖了行业的宏观层面，如市场规模、消费者行为、流行趋势等，还涉及了微观层面，如品牌策略、产品创新、供应链管理等。

然而，值得注意的是，ChatGPT 4 目前是付费服务，月费为 30 美元。为了获得高质量的内容输出，用户需要提供清晰、具体的要求。这催生了一个新的职业——提示词工程师（Prompt Engineer），其职责是设计有效的提示，以引导 AI 生成更准确和高质量的内容。提示词工程师通过精心构建问题和指令，帮助用户与 AI 进行更有效的沟通。他们需要理解 AI 的工作方式，以及如何通过语言的细微差别来优化输出结果。这一职业的出现，反映了 AI 在内容生成领域的不断进步，以及人类与 AI 协作的日益紧密。随着 AI 技术的不断成熟，提示词工程师将在提升 AI 应用效率和用户体验方面发挥重要作用。

MidjourneyAI 绘图软件是一个由独立研究实验室开发的创新工具，致力于探索新的思维媒介并扩展人类的想象力。该软件专注于设计、人力资源基础设施和人工智能领域，已经集聚了超过 380 万用户。Midjourney 的核心功能是利用用户提供的原始图片和庞大的数据库，通过不断的迭代和训练，快速生成与用户文字描述相匹配的图像。

笔者亲自体验了 Midjourney，尝试生成了一张以"雪茄霸王龙"为主题的图片。用户可以通过 Midjourney Bot 直接输入指令来生成图片，或者上传已有图片并结合文字描述来创作。对于新用户，Midjourney 提供了 25 组免费照片（每组 4 张），用户可以根据自己的需求选择并进一步细化单张照片。

为了获取更多图片，用户可以选择付费订阅服务，Midjourney 提供了三种不同的订阅计划。基本计划每月 10 美元，支持 3 个并发快速作业，每月可生成 200 张图片；标准计划每月 30 美元，同样支持 3 个并发快速作业，但图片数量不受限制；专业计划每月 60 美元，支持 12 个并发快速作业，同样不限制图片数量，并且提供访问会员画廊和隐形图像生成的特权。

尽管 Midjourney 的操作界面直观易用，但要生成高质量的图片，用户可能需要投入时间和精力研究软件的指令系统和关键参数，不断调整以获得最佳效果。这表明，虽然 AIGC 工具为内容创作带来了便利，但要充分利用其潜力，仍需要用户具备一定的技术理解和创造力。

除了上述提到的 ChatGPT 和 Midjourney，还有 Gamma 和 Kimi Chat 等 AIGC 工具软件，它们同样提供了便捷的操作体验和高质量的内容输出。这里我们将重点介绍 Gamma 和 Kimi Chat。

Gamma 是一个直观的用户界面设计工具，它简化了演示文稿、文档和网页的创建过程，无须专业设计技能即可轻松上手。Gamma 内置了丰富的模板和设计风格，用户可以快速选择合适的样式，软件会自动将这些元素应用到文稿中，包括标题、文字、图片和图表等，从而实现专业级别的布局和外观。此外，Gamma 还支持个性化定制，用户可以调整字体、颜色、布局等，甚至添加自定义元素和动画效果，使得文稿更加符合个人需求。Gamma 目前提供免费试用，用户可以随时随地创建和编辑内容。

Kimi Chat 是由 Moonshot AI（月之暗面）开发的 AI 智能助手，它专注于处理长文本内容。Kimi Chat 具备多种功能，包括：（1）上传文件并提取核心信息；（2）根据简历内容生成面试问题；（3）总结文章内容；（4）进行人格化的聊天；（5）提供中英文翻译服务。与 ChatGPT 相比，Kimi Chat 在处理中文内容方面具有明显优势，更贴合中文的书写和阅读习惯。此外，Kimi Chat 无须通过 VPN 即可直接使用，且所有功能都是免费的，为用户提供了极大的便利。

这些 AIGC 工具软件的出现，不仅提高了内容创作效率，还降低了专业技能的门槛，使更多用户能够轻松地获取高质量的文案内容。随着技术的不断进步，这些工具将在未来的内容创作和信息处理中发挥更加重要的作用。

对于促销规划人员来说，当前市场上的 AIGC（人工智能生成内容）软件已经能够满足自身大部分需求，如果能够恰当地将 AIGC 作为营销策划的辅助工具，将有助于更有效地开展营销策略规划，显著提升工作效率。例如，罗振宇在 2024 年的跨年演讲中大量使用了 AI 设计图片，这些图片的草图是由罗振宇的合伙人快刀青衣通过 Midjourney 快速生成的。在筹备过程中，罗振宇首先描述了画面的主题，然后快刀青衣利用 Midjourney 迅速生成多种草图，并将这些草图分享到沟通群中供大家确认。确认后，快刀青衣将选定的草图（需求方向）和指令（核心要求）发送给设计师，设计师根据这些具体的视觉和指令信息，能够非常清晰地理解设计需求，并在此基础上进行专业美感的提升，如景别、色彩等，从而大大提高了工作效率。

需要强调的是，设计师操作的核心工具也是基于 AI 的，而非传统的 Photoshop。然而，促销规划人员在使用 AIGC 工具时，不应盲目依赖 AI，而应结合企业的实际情况和个人工作需求有针对性地使用。在使用过程中，应明确自己的需求和目标，收集并整理信息形成基础数据库，进行效果监测和评估，并确保所有使用的内容都符合法律和道德标准。同时，要认识到AIGC工具只是辅助手段，所有工作的核心仍然应以人为主导。正如罗振宇跨年演讲中的图片案例所示，尽管图片是通过AI生成的，但要创造出高质量的视觉作品，最终还取决于设计师自身的艺术审美和专业技能。

总的来说，营销方式的演变本质上依赖技术的进步，但其核心仍然是内容的创造和传递。随着技术不断革新，内容的表现形式已经从传统的文字和图片扩展到了短视频、移动应用、游戏、元宇宙、人工智能、增强现实（AR）等多种形态。与此同时，内容传播的平台也经历了从报纸杂志、电视台等传统媒体向微信、抖音、小红书等自媒体和社交媒体的转变。

这种转变反映了社会和经济环境的深刻变化，无论是政治经济背景、媒体环境、渠道通路还是科学技术的进步，都在显著地影响着市场结构、促销策略以及消费者的心理和行为模式。作为促销规划人员，必须密切关注这些变化，确保自己能够紧跟时代步伐，用消费者的语言和视角去理解和感受这些变化。

归根结底，促销活动是一种以"人"为中心的沟通艺术。它要求促销规划人员不仅要理解技术如何改变内容的创作和分发，还要洞察这些变化如何影响消费者的需求和期望。唯有如此，才能制定出既符合市场趋势又能有效吸引目标受众的促销策略。在这个快速变化的时代，促销规划人员需要不断地学习和适应，以确保他们的工作能够持续地与消费者建立有意义的链接。

第18章
新市场环境下的促销策略建议

随着移动互联网的迅猛发展和云计算、人工智能技术的快速进步，中国消费者的购物习惯和生活方式正在经历深刻的变革。这些变化是不可逆转的趋势，正重塑着消费市场的面貌。在中国消费市场的发展历程中，我们可以观察到四个明显的阶段。

消费1.0阶段——计划消费：在新中国成立初期，由于物资短缺，消费者主要依赖计划经济体制下的配给制，消费选择有限。

消费2.0阶段——自由选购：随着经济体制改革的推进和生产力的快速发展，市场逐渐开放，消费者开始享有更多的选择权，自由选购成为可能。

消费3.0阶段——品质消费：随着物质文明的丰富和供应过剩，消费者开始追求更高品质的产品和服务，品质成为消费决策的关键因素。

消费4.0阶段——个性消费：在移动互联网时代，消费者的需求日益多元化，这一阶段的主要特征包括技术驱动下的消费场景不断进化，个性化需求推动品牌创新，文化因素影响消费体验，年轻消费者引领潮流，熟年社会追求健康和快乐的生活方式，以及消费者在品牌共创中寻求平等和参与感。

这些变化不仅体现在消费行为上，也深刻影响了企业的营销策略和产品设计。作为企业，必须紧跟这些趋势，以满足消费者不断变化的需求，同时利用技术进步带来的新机遇，创造更加个性化和差异化的产品和服务。在这个过程中，消费者始终是中心，企业需要不断洞察和适应消费者的变化，以保持竞争力和市场活力。

因此，在当前快速变化的市场环境中，企业在制定包括促销在内的营销策略时，应全面考虑营销组合的 7P 要素，并结合企业自身的特性（内部环境分析）以及外部环境因素（如社会发展大趋势、目标群体的消费行为和特征、市场环境和竞争对手分析），以确保策略的针对性和有效性。

SWOT 分析法，即强弱机威综合分析法，是一种广泛应用于战略规划的工具。它帮助企业识别内部的优势（Strengths）、弱点（Weaknesses）、外部的机会（Opportunities）和威胁（Threats）。1965 年，伦德首次提出 SWOT 分析中的关键概念，但当时这些因素是独立分析的。肯尼思·安德鲁斯在 1971 年的著作《公司战略概念》中，将战略定义为公司能够做的与环境提供的机会与威胁之间的匹配，从而正式提出了 SWOT 分析框架。

美国旧金山大学国际管理和行为科学教授海因茨·韦里克在 20 世纪 80 年代初进一步发展了 SWOT 分析，提出了 TOWS 分析法。TOWS 分析法通过将 SWOT 分析中的内部和外部因素相结合，帮助企业制订更具体的行动计划，以利用优势、克服弱点、抓住机会和规避威胁。

总的来说，SWOT 分析作为一种战略规划工具，它通过识别和评估企业内部的优势、劣势、外部机会和威胁，帮助企业全面了解其在市场中的竞争地位。这种分析方法要求企业将与内外部条件相关的主要因素进行综合和概括，通过信息整理和分析，将这些因素以矩阵形式排列，然后运用系统思维和结构性框架进行匹配和分析，从而得出有意义的结论。

SWOT 分析的优势在于它能够使企业管理者和决策者对市场环境进行全面、系统、准确的研究和分析。通过这种方式，企业可以更好地理解自身的资源和能力，以及外部环境的机遇和挑战。这为企业制定准确的发展战略和计划提供了坚实的决策依据，同时也有助于制定相应的发展计划或应对策略。

在实际应用中，SWOT 分析可以帮助企业识别潜在的增长领域，优化资源配置，强化竞争优势，同时准备应对可能的市场变化和竞争压力。通过这种分析，企业能够更加明确地认识自身的强项和弱点，以及外部环境中的机会和威胁，从而采取更有针对性的行动，以实现可持续发展。

SWOT 分析法在促销策划中的运用

SWOT 分析中的 "S" 和 "W" 部分，即优势与劣势分析，专注于企业内部条件的评估。优势指的是企业在内部资源、能力或市场地位方面相对于竞争对手所具有的有利条件，这些优势使企业能够在市场中取得领先地位。而劣势则是指企业在内部运营、资源配置或市场策略等方面存在的不足，这些不足可能限制企业的发展或使其在竞争中处于不利地位。

在进行 "SW" 优势与劣势分析时，需要识别并评估在当前市场竞争环境中，相对于竞争对手和潜在竞争对手，企业所具有的有利因素和不利因素。这包括但不限于企业的财务状况、技术能力、品牌影响力、管理团队、客户基础、供应链效率等方面。通过这种分析，企业可以更好地理解自身的核心竞争力以及需要改进的领域，从而制定出更有效的战略来巩固优势、克服劣势，并在市场中保持竞争力。

"OT" 部分，即机会与威胁分析，聚焦于企业外部环境的评估。机会指的是企业在外部市场环境中可能利用的有利条件，这些条件有助于企业实现增长和成功。威胁则是指可能对企业未来发展产生不利影响的外部因素，这些因素可能阻碍企业的发展或导致竞争劣势。

在进行 "OT" 机会与威胁分析时，企业需要考虑宏观社会环境、人文环境、经济状况、行业发展趋势、政策法规变化、竞争对手行为、技术进步等多种外部因素。这些因素可能会为企业带来新的市场机会，如新兴市场、技术革新、消费者行为变化等，同时也可能带来风险，如经济衰退、政策变动、竞争对手的创新等。

传统的 SWOT 分析通常以四宫格的形式呈现，但为了更深入地分析和规划，可以将 SWOT 分析扩展为九宫格，即在原有的 SWOT 基础上，进一步细化为内部优势与劣势、外部机会与威胁的组合分析。九宫格 SWOT 分析法的变化可以这样构建：

内部优势与外部机会（SO）：分析如何利用内部优势来抓住外部机会。

内部优势与外部威胁（ST）：考虑如何利用内部优势来应对外部威胁。

内部劣势与外部机会（WO）：探讨如何通过外部机会来弥补内部劣势。

内部劣势与外部威胁（WT）：分析如何减轻外部威胁对内部劣势的影响。

在每个组合中，可以进一步提出具体的策略和行动计划。例如：

SO 策略：开发新产品、扩展市场、提高效率等。

ST 策略：风险管理、成本控制、技术升级等。

WO 策略：合作伙伴关系、市场细分、产品改进等。

WT 策略：风险规避、成本削减、市场退出等。

通过九宫格 SWOT 分析，企业可以更全面地评估自身的战略地位，制定更有效的战略规划。这种分析方法有助于确保战略决策不仅基于当前状况，而且考虑到未来可能的变化，有助于企业在不断变化的市场环境中保持灵活性和适应性，确保长期稳定的发展（如表 18-1 所示）。

表 18-1　SWOT 分析

SWOT 分析		外部环境分析	
		品牌机会 Opportunities	品牌威胁 Threats
内部环境分析	品牌优势 Strengths	强项 × 机会 S×O （积极攻势）	强项 × 威胁 S×T （差异化战略）
	品牌劣势 Weaknesses	弱势 × 机会 W×O （阶段性策略）	弱势 × 威胁 W×T （防卫·撤退）

总结以上内容，针对 SWOT 分析的相关指标进行了汇总（如表 18-2 所示）。

第 18 章
新市场环境下的促销策略建议

表 18-2　SWOT 分析的相关指标

SWOT 分析		指标
外部环境	宏观环境	社会环境 人文环境 经济环境 行业发展现状及趋势
	竞争环境	标杆品牌运营现状分析 直接竞争对手运营现状分析 潜在竞争对手运营现状分析
	目标消费者	目标人群洞察及画像 文化价值观 消费行为及消费特征
内部环境	品牌基石	品牌宗旨 品牌愿景 品牌使命 品牌精神及价值观 品牌个性及态度
	运营现状	现有品牌形象 现有产品形象 现有品牌消费者画像 店铺形象 运营标准

结合上述指标，我们可以得出 SWOT 分析中的四大要素，即趋势（通过外部环境分析总结得到）、消费者、竞争对手及品牌自身，四者之间的关系如图 18-1 所示。

总的来说，运用 SWOT 分析法，企业可以收集和分析关于品牌内部和外部竞争要素的数据，为决策提供科学依据。这种分析不仅有助于企业更好地理解自身的竞争地位，还能够指导企业如何利用其资源和能力来应对外部环境的挑战，从而在激烈的市场竞争中取得优势。

```
                            ┌─────┐
                            │  B  │
                            └──┬──┘
                  ┌────────────┴────────────┐
              ┌───┴────┐                ┌───┴────┐
              │ 外部环境 │                │ 内部环境 │
              └────────┘                └────────┘
```

图示要素：趋势、消费者、竞争对手、品牌宗旨、SW 分析

- 趋势 + 创新点
- 消费者 + 新洞察
- 竞争对手 + 值得学习的地方
- 品牌宗旨 + 还未差异化的
- SW 分析：优/劣势分析

OT 分析：机会/阻碍分析

营销策略 ← 可行性分析 ← SWOT 分析

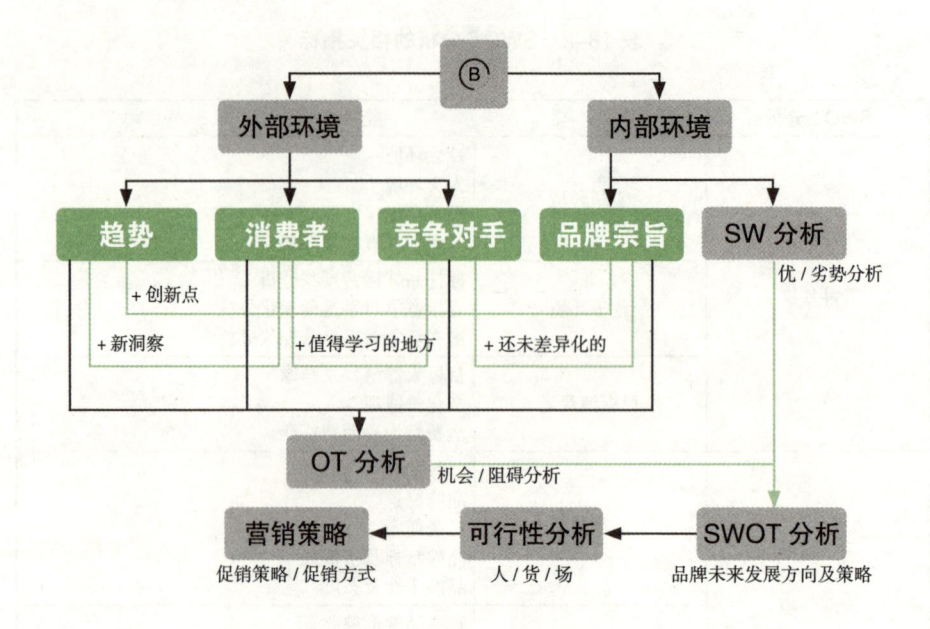

- 营销策略：促销策略/促销方式
- 可行性分析：人/货/场
- SWOT 分析：品牌未来发展方向及策略

图 18-1　SWOT 分析法的四大要素

SWOT 分析法的几个要点

为了更好地实施 SWOT 分析以及进行促销活动方案的策划，品牌需要系统化地构建符合品牌自身运营现状及未来发展需要的内容信息数据库，特别是以下几点需要引起重视。

第一，重视消费者研究，跟随用户注意力的流向。

在营销学中，"基于用户的品牌资产"这一概念日益受到重视。其核心洞察在于品牌资产的构建并非仅依赖生产者，而是建立在广泛的用户基础之上。换句话说，品牌的建立并非企业单方面的自我宣传，而是基于品牌营销活动所获得的消费者认可和支持。意即，品牌价值的实现和增长，需要通过与消费者的互动和共鸣来实现，消费者的态度和行为对于品牌资产的积累至关重要。因此，企业在品牌建设过程中，应深入挖掘和理解消费者需求，预测消费行为的变化，同时通过数据分析和市场研究来构建详尽的消费者画像，

这包括了解消费者的购买习惯、生活方式、价值观等。通过精准锁定目标消费群体，企业可以更深入地挖掘他们的兴趣爱好、需求、体验和反馈，确保品牌策略与消费者期望相契合，从而实现品牌资产的长期积累和增值（如表18-3所示）。

表 18-3 品牌策略与消费者期望契合度

品牌		消费者	
我们是谁？	品牌宗旨（使命愿景） ·我们为什么存在 ·我们为什么在这里 ·写下品牌远大的、有层次的长期目标	他们是谁	身份特征（族群） ·我们来这里是为了谁 ·谁想要我们的产品/服务
是什么让我们与众不同？	品牌个性（区别） ·我们提供什么 ·我们怎么做 ·是什么让我们真正不同	他们想要什么	愿望（需求） ·他们想要什么 ·他们想怎样发展演变 ·他们需要什么样的支持
我们最看重什么？	品牌态度（核心价值观） ·我们代表什么 ·我们该怎么做 ·我们关心什么	他们属于哪一类	方式（行为） ·问题是如何解决的 ·他们关心什么
我们听起来怎么样？	品牌通调（品牌声音） ·我们的沟通方式、视觉呈现 ·我们想怎样被感知 ·我们用什么样的语言	他们的个性是什么	个性（天性） ·他们如何进行口头交流 ·他们如何感知 ·他们如何沟通

第二，大数据——提供个性化服务的关键。

在移动互联网时代，企业获取营销信息的方式已经发生了显著变化，越来越依赖云计算和大数据分析。消费者的网络行为，包括使用习惯、行为特征、购物偏好、购物体验和历史，都在数字世界留下了可追踪的痕迹。因此，消费者数据库的内容已经超越了传统的基础信息，如姓名、年龄、性别、学历和收入，而是涵盖了消费者的生活方式、行为特征和购物习惯等更深层次的洞察。

这种转变使得企业能够更精准地理解消费者，从而提供更加个性化的服务和体验。在互联网营销中,由于信息传播的速度加快,基于大数据的精准营销策略不仅提高了营销效率,而且通过减少中间环节、降低广告投入、库存成本、管理费用和运营成本,实现了营销成本的显著下降。与传统营销相比,互联网营销在成本效益方面具有明显优势。

这些信息对于品牌来说至关重要,它们是提升个性化服务和体验的基础。企业可以通过这些数据洞察来优化产品开发、营销策略和客户服务,从而在竞争激烈的市场中脱颖而出,实现品牌的持续增长和消费者的忠诚度提升。

第三,数字化转型。

移动互联网时代,消费者行为和市场趋势的快速变化使得数字化营销变得至关重要。时尚品牌正积极拥抱数据驱动的营销策略,并加速其数字化转型的步伐。对于企业而言,建立一个强大的信息化体系是当务之急。这包括利用大数据研究和分析,将消费者数据与品牌营销、销售、零售等多个部门的数据进行整合,以更好地理解消费者需求,并优化供应链的各个环节,从而提升客户体验。

企业在进行数字化转型时,应避免盲目模仿,而应根据自身的发展现状和目标,采用系统化和结构化的思维。这意味着企业需要从成功的案例和方法中学习,结合自身的实际情况,制定出既符合行业趋势又具有可行性的数字化战略。通过这种方式,企业可以在保持自身特色的同时,有效地利用数字化工具和平台,实现业务流程的优化和客户服务的升级,从而在竞争激烈的市场中保持领先地位。

第四,注重品牌内容的塑造及符合品牌态度及个性的圈层建设,其核心在于找准品牌自身的品牌态度及发展逻辑。

互联网的核心在于链接,而内容的价值正是在这种链接中得以体现。在移动互联网时代,全民创作和消费的趋势催生了许多以"人—内容—人"为链接模式的社区产品,例如抖音短视频、小红书、微信朋友圈等。这些平台通过内容分享和消费,促进了社交互动,形成了基于共同文化价值的社交圈层,如粉圈、电竞圈、夜跑圈等。

如前文所述，圈层文化是基于共同文化价值内容形成的虚拟社群，它通过提供聚焦的信息内容来吸引人群，并通过归属感和信任感来巩固社交联系。在构建品牌圈层文化时，企业需要平衡消费者的内容需求和社交需求。内容是圈层文化的基础，它满足了用户高频、浅层次的需求，而社交则是圈层文化中较深层次、低频的需求，体现了用户对于更深层次链接的期望。

因此，企业在打造品牌圈层文化时，不仅要提供吸引人的内容，满足用户的即时需求，还要创造一个能够让用户具有归属感和信任的环境，促进用户之间的深度交流和长期关系。这样的圈层文化不仅能够增强品牌的忠诚度，还能够通过用户的口碑传播，扩大品牌影响力，实现可持续的品牌增长。

（1）聚焦"内容性产品"打造。内容营销的核心在于创造"内容性产品"，即将产品本身打造成能够引发社交互动的媒介。这种产品不仅是内容的载体，也是品牌信息和理念的传播者。一方面，通过为产品赋予强烈的身份标签，品牌能够激发目标消费者的社群归属感，使他们感到自己是某个特定群体的一部分。另一方面，产品的设计和概念应能引起消费者的情感共鸣，从而在购买决策中产生情绪价值。此外，将内容融入产品，使其成为实体化的社交工具，消费者在使用这些产品时能够与品牌直接互动，从而加深品牌与消费者之间的联系（如图18-2所示）。

在信息爆炸的今天，消费者每天都被大量信息包围，无论是主动还是被动。因此，品牌需要开发具有创新性和吸引力的"内容化产品"，通过与消费者产生情感价值共鸣的内容和概念，来吸引他们的注意力。这样的产品不仅能够促进品牌与消费者之间的有效沟通，还能提升品牌和产品的市场竞争力。通过这种方式，品牌能够在激烈的市场竞争中脱颖而出，建立起与消费者之间的长期关系。

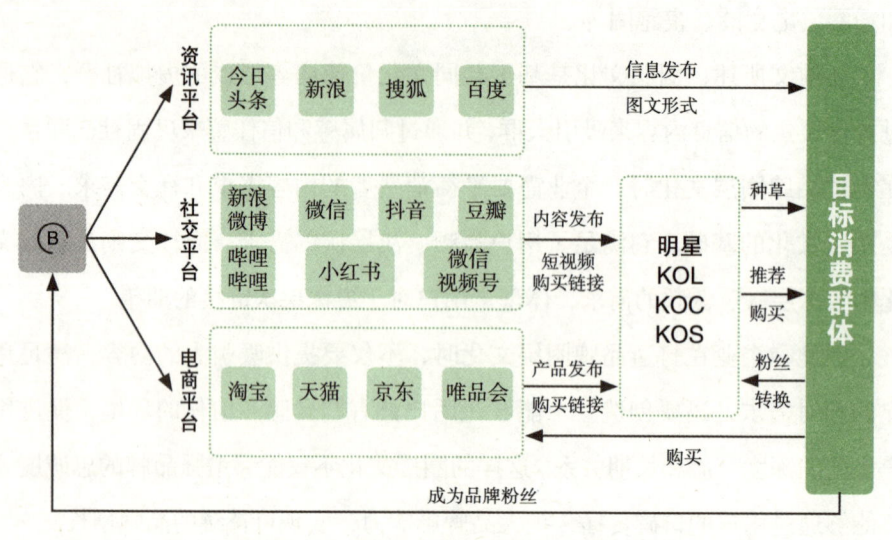

（KOL：关键意见领袖，KOC：关键意见消费者，KOS：关键意见销售）

图18-2　品牌与消费者之间的联系

（2）在内容营销日益重要的当下，企业必须深刻理解其价值，并将其融入消费者的认知路径，使"内容化产品"成为购买过程中的一个关键体验环节，从而提升整体的消费者体验。

首先，产品内容化的关键在于为产品创造吸引人的品牌故事、打造强有力的视觉设计，以及通过内容来增强产品的服务体验和消费仪式感。这些策略能够有效吸引消费者的注意力，激发他们的兴趣，并促使他们更深入地了解和体验产品。

其次，内容营销通过赋予品牌文化价值，能够触动消费者的情感，使之与品牌产生共鸣。通过持续的内容创新和产品故事讲述，企业可以与消费者建立长期、深入的沟通和互动关系，从而提高消费者对品牌的好感度和忠诚度。

总之，内容营销不仅能够提升产品的吸引力，还能够通过情感链接和文化价值的传递，使品牌与消费者之间的情感纽带更趋紧密。通过这种策略，企业能够在竞争激烈的市场环境中，建立独特的品牌个性和竞争优势。

（3）在制定内容营销策略时，品牌需要明确其主题和目标，并选择与其品牌发展特性和需求相匹配的内容营销平台及方式。内容营销不仅承载了品牌的个性和态度，还体现了产品的特点，其作为"社交工具"的角色，已成为品牌增长的关键策略。

不同的内容平台，如小红书、抖音、快手、微信视频号、B站、知乎、豆瓣等，各自具有独特的内容风格、用户特征和投放策略。品牌营销人员在了解各平台运营状况的同时，也应明确内容营销的具体目标，无论是提升品牌知名度、增加用户互动率还是直接促进销量。

品牌应结合目标受众的需求和兴趣，持续输出具有创意、个性和价值的高质量内容。同时，及时跟进消费者的互动和反馈，运用正确的数据指标来衡量内容营销的效果，并根据数据分析结果不断优化策略。此外，品牌还需要保持内容输出的一致性和持续性，确保品牌形象的连贯性和长期价值。通过此种策略，品牌能够在多样化的内容营销平台上实现有效传播，与消费者建立更紧密的联系，并推动品牌的长期发展（如图18-3所示）。

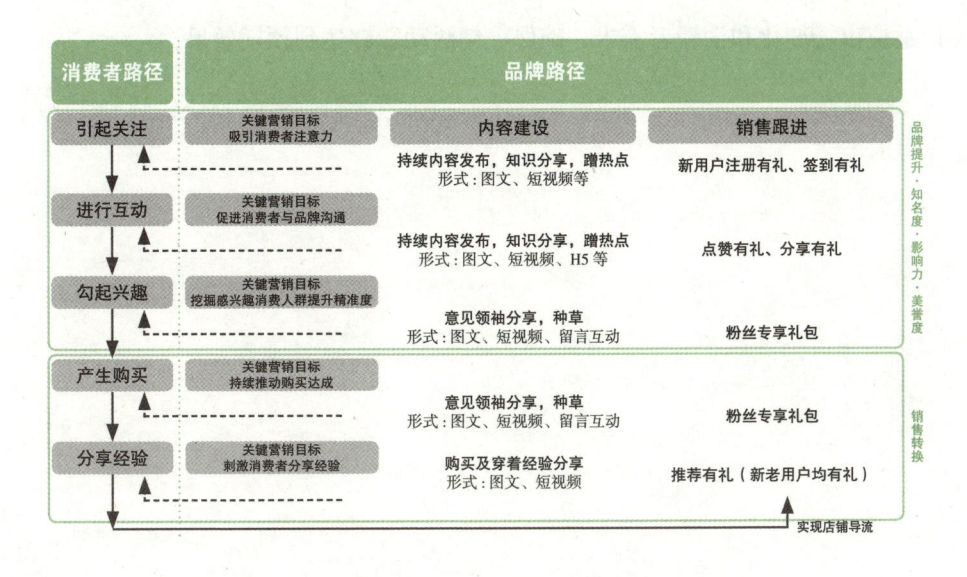

消费者路径	品牌路径			
	关键营销目标	内容建设	销售跟进	
引起关注	关键营销目标 吸引消费者注意力	持续内容发布、知识分享、蹭热点 形式：图文、短视频等	新用户注册有礼、签到有礼	品牌提升·知名度·影响力·美誉度
进行互动	关键营销目标 促进消费者与品牌沟通	持续内容发布、知识分享、蹭热点 形式：图文、短视频、H5等	点赞有礼、分享有礼	
勾起兴趣	关键营销目标 挖掘感兴趣消费人群提升精准度	意见领袖分享、种草 形式：图文、短视频、留言互动	粉丝专享礼包	
产生购买	关键营销目标 持续推动购买达成	意见领袖分享、种草 形式：图文、短视频、留言互动	粉丝专享礼包	销售转换
分享经验	关键营销目标 刺激消费者分享经验	购买及穿着经验分享 形式：图文、短视频	推荐有礼（新老用户均有礼）	
			实现店铺导流	

图18-3　品牌与消费者建立长期、深入的沟通和互动关系

归根结底，品牌活动的核心目标始终是促进销售，而促销活动本质上就是通过各种方式激发消费者购买欲望，从而实现销售增长。品牌建设、促销沟通和内容营销的有效结合，最终都将转化为销售额的提升。因此，品牌营销人员在策划和执行促销活动时，应结合品牌定位和运营实际情况，进行系统性和计划性的思考。

促销活动的定义强调了其作为沟通活动的本质，即营销者向消费者传递关于企业和产品的信息，以说服或吸引消费者购买产品，实现销售量的扩大。促销活动涉及向目标对象（如听众、观众、读者、消费者或用户等）传递刺激消费的信息，以影响他们的态度和行为。

常用的促销手段包括广告、人员推销、网络营销、营业推广和公共关系等。品牌营销人员应将促销的三个关键点——"沟通内容、吸引关注、达成销售"——作为行动的指导原则。这意味着在设计促销活动时，要确保信息的有效传递，吸引目标消费者的注意力，并最终促使他们采取购买行动。

通过此类策略，品牌能够更有效地与消费者沟通，激发他们的购买兴趣，并通过持续的促销活动，实现销售目标。品牌营销人员应不断优化促销策略，以适应市场变化和消费者需求，确保促销活动能够达到预期效果。

THE ART OF
SUCCESSFUL
PROMOTION

附录

| 附录 1 |
内容电商的促销建议

随着信息技术和移动互联网的迅猛发展，零售业经历了深刻变革，成为最早被技术革新颠覆的行业之一。消费者的购物习惯逐渐从传统的线下实体店转向线上平台，这一转变极大地推动了电子商务（电商）的快速发展和演变。电商发展的几个阶段可以概括如表附录 1-1 所示。

表附录 1-1　电商发展阶段

发展阶段	行业特征
电商 1.0 时代 1999—2005	**行业特点：** 综合平台崛起，诞生了 C2C 的淘宝平台、B2C 的京东平台和天猫平台 **用户特点：** 追求购物的便利性及快捷性； 关注产品性能及价格
电商 2.0 时代 2005—2015 年	**行业特点：** 垂直细分平台的诞生与成长。在这个阶段，以特卖为主的唯品会等垂直细分平台逐渐崛起。这些平台从综合平台中细分出来，针对特定的人群或特定的需求，提供更精准的服务 **用户特点：** 关注个性化需求； 注重产品性价比和口碑

续表

发展阶段	行业特征
电商 3.0 时代 2016 年以后	**行业特点：** 以抖音、小红书、视频号为代表的内容电商崛起，越来越多的消费者在看视频、看笔记、看直播的过程中购买商品 **用户特点：** 注重内容输出； 关注场景创新； 情绪价值驱动

内容电商，顾名思义，就是指在互联网信息碎片化时代，透过优质的内容传播，进而引发兴趣和购买。内容电商的着力点在于内容价值的引爆，用内容重新定义广告，用内容沉淀消费行为，用内容塑造电商的新生态，海量的碎片化信息内容经过策划整理，形成优质的传播内容，从而引发消费者的购买兴趣。传统电商则主要是提供供应链解决方案，通过价格类促销活动促使消费者产生交易，消费者关注的重点也在产品功能和价格方面，传统电商的优势是无论是平台与品牌都有丰富的运营经验，但随着互联网红利的消失，传统电商平台的流量成本越来越贵，导致企业运营成本不断攀升。而与传统电商相比，内容电商则更注重消费者的情绪价值，究其快速发展的原因主要包括平台核心价值、用户行为转变、电商模式创新以及精细化运营。

内容电商之所以能够快速发展，主要有以下几个原因：

首先，平台的核心价值在于提供高质量的内容，这满足了消费者对于个性化和情感化内容的需求。在抖音和微信视频号，用户通过发布短视频来展示自己的才艺、记录生活瞬间或分享日常趣事；而在小红书，用户则通过撰写详尽的笔记来分享购物体验、生活小窍门和创意灵感。这些平台为用户提供了展示个性、分享生活和交流思想的空间，而平台开放性设计和互动性吸引了众多用户的积极参与，共同构建了一个充满生机和创意的社交网络社区。同时平台还通过算法推荐系统，将用户的内容推送给感兴趣的人群，从而实现了内容的精准分发。用户之间的互动，如点赞、评论和分享，进一步增强了社区的活跃度和凝聚力。这种基于内容的社交模式，不仅促进了用户之间的交流，也为品牌和商家提供了与消费者直接沟通的机会，使得这些平台成为内容营销和品牌建设的重要阵地。

其次，用户行为的转变。随着互联网的发展，用户的消费习惯和行为模式正在悄然发生改变。传统的搜索式购物模式已经不能满足所有用户的需求，而内容电商通过提供更为个性化的内容和精准的建议，能够更好地满足用户的购物需求。

再次，电商模式的创新，内容电商通过内容营销和社交分享等方式，创造了新的用户互动和购买场景。比如，抖音和小红书都采用了短视频和图片为主的内容形式，使得商品展示更加直观、生动，同时也提高了用户的阅读体验。这种创新的电商模式不仅吸引了大量用户的关注，也为品牌和商家提供了新的营销渠道。

最后，精细化运营，内容电商通过数据分析和用户画像，实现更精准的营销和个性化推荐。例如，抖音和小红书都注重用户的个性化需求和体验，通过数据分析和算法推荐等技术手段，为用户提供更为精准的内容推荐。这种精细化运营方式不仅提高了用户的满意度，也为平台带来了更多的商业机会。

总的来说，内容电商的兴起，如抖音、小红书、微信视频号等，为新品牌和传统品牌提供了一个快速成长的平台。

案例一：羽绒服行业高梵品牌

作为羽绒服行业的资深玩家，高梵品牌通过内容电商的创新策略，成功转型成为中国高端羽绒服市场的领导者。

在羽绒服行业已有 20 年深厚积累的高梵品牌，通过深入的市场和消费者洞察，品牌战略升级为以奢侈品标准打造高端鹅绒服。这一战略升级的核心挑战在于如何迅速积累品牌资产并占据消费者心智。

在产品层面，高梵精准定位高端鹅绒服市场，这一市场能够更好地体现其设计能力和解决消费者的需求痛点。高梵与全球顶尖的鹅绒、面料和辅料供应商合作，确保使用优质原料和技术，迅速解决生产端的挑战。同时，高梵在工艺、设计、视觉呈现和服务等方面进行了全面升级，这些细节不仅是品牌形象和服务体验的体现，更是支撑其高端鹅绒服定位的关键基础。

在营销策略上，高梵利用抖音等内容电商平台，精准定位并吸引品牌的目标受众。通过这些平台，高梵能够更有效地传达品牌故事，展示产品优势，并与消费者建立直接的沟通渠道。通过内容营销，高梵不仅提升了品牌知名度，还增强了消费者对品牌的信任和忠诚度，从而在竞争激烈的高端羽绒服市场脱颖而出。

在新品上市阶段，高梵品牌首先采用了云图ICI模型进行分析，确定了品牌在当前阶段的两个关键任务：一是扩充人群资产，即全面蓄水；二是高效种草，即通过内容营销吸引潜在消费者。为此，高梵制定了详细的人群策略、达人策略，并为种收链路（即从品牌认知到购买转化的全过程）做了铺垫。

在明确了战略方向后，高梵深入分析了抖音平台的用户特性，并基于消费者认知路径的5A人群模型和根据消费者生理特征及行为特征的八大人群进行了细分。5A人群模型由营销大师菲利普·科特勒在《营销革命4.0》中提出，分别对应Aware（了解）、Appeal（吸引）、Ask（问询）、Act（行动）、Advocate（拥护），这一模型揭示了用户与品牌关系的远近程度。

A1即了解（aware）阶段，顾客被动接收信息，这是品牌知名度（brand awareness）的主要来源；A2为吸引（appeal）阶段，目的是增强顾客对品牌的印象，创造短期记忆或扩大长期记忆；A3为问询（ask）阶段，通过适度激发顾客的好奇心，促使他们主动搜集信息；A4为行动（act）阶段，目标是促使顾客采取购买行为，以及购买后的持续消费和售后服务；A5为拥护（advocate）阶段，顾客可能会形成对品牌的强烈忠诚度，这体现在顾客保留率、重复购买以及向他人推荐品牌等方面。

至于抖音的八大人群,这些是根据用户的具体特征进行的细分,包括但不限于年龄、性别、兴趣爱好、消费能力等,以便品牌能够更精准地定位目标市场,制定相应的营销策略(如表附录1-2所示)。通过这样的分析,高梵能够更有效地在抖音等平台上与潜在消费者建立联系,提升品牌影响力,并最终实现销售转化。

表附录1-2　抖音八大人群分类

抖音人群分类	人群特征
Genz	年龄24岁以下,城市等级在一二三线城市
精致妈妈	已婚生子,消费水平中高以上,年龄在25~35岁的一二三线城市女性
新锐白领	消费水平中高,年龄在25~35岁的一二三线城市人群(和精致妈妈互斥)
都市蓝领	年龄在25~35岁,消费水平属于中低或者消费水平未覆盖的人群
小镇青年	年龄18~35岁(含18岁以下),城市等级四线以及以下
资深中产	消费水平中高,年龄在36~50岁的一二三线城市人群
都市银发	年龄在50岁以上的一二三线城市人群
小镇中老年	年龄35岁以上,城市等级四线以及以下

基于对市场和消费者的深入分析,高梵羽绒服在种草全链路上锁定了品牌的目标人群——资深中产和精致妈妈。针对这些特定人群的特性,高梵通过反向选择(TA反选)达人,生产与目标人群兴趣和需求相匹配的内容。在达人策略的布局上,高梵聚焦其高端的黑金鹅绒服系列,突出产品的核心卖点,并构建了一个金字塔式的达人矩阵,以实现内容的多层次传播。

在"种草"到"收获"的转化链路上,高梵采用了多种营销手段,包括借势明星代言人事件、品牌硬广、挑战赛、热榜推广和搜索彩蛋等,迅速提升了品牌的影响力。此外,高梵在达人种草活动中还结合了小蓝词策略,这不仅放大了种草心智,还有效地将流量引导至直播环节,促进了销售转化。

依托这些策略的实施,高梵成功地借助云图、IP营销、品星效联投等工具,实现了5A人群资产的显著增长,新增了7200万用户。在A3人群的拉新率上,高梵达到了390%的增长，年GMV（总成交额）更是突破了10亿元大关。这些成果展示了高梵在内容电商领域的精准定位和高效执行能力，同时也体现了内容营销在品牌建设和销售增长中的重要作用。

通过对高梵案例的深入分析，我们可以总结出在内容电商促销活动中应遵循的策略。

深入研究平台和用户特征：企业应首先深入了解内容电商平台的特性以及用户的行为习惯，在此基础上明确品牌和产品的促销策略。熟悉平台规则是制定有效策略的基础。

内容形式的多样化：内容电商平台支持多种形式的内容，如文字、图片、音频和视频。企业应结合平台特性，创造多样化的内容形式，以吸引不同偏好的消费者。

提供情感价值体验：内容电商的核心在于内容营销，其目的不仅是传递产品信息，更重要的是为消费者提供情感价值体验。通过故事讲述、情感共鸣等方式，增强消费者与品牌之间的情感联系。

充分利用时下热点：内容营销常常与当前的热点话题或趋势相结合，以吸引消费者的关注。企业可以通过参与热点话题的讨论、发表评论或创作相关内容，来吸引目标受众。

拉式策略：与传统促销的推式沟通不同，内容电商更注重从消费者的角度出发，提供他们所需的信息和价值，从而培养消费者的品牌忠诚度。这种策略通过吸引消费者主动参与，而非强行推销，更有效地促进了销售转化。

案例二：美国老牌保温杯史丹利

美国老牌保温杯品牌史丹利（Stanley）的一则故事，则展示了品牌如何通过消费者内容实现反向营销的成功。据Business Insider报道，一段在抖音上迅速走红的视频让这个拥有110年历史的品牌再次成为焦点。视频记录了名为丹妮尔的女子在车辆遭遇火灾后的情景。汽车内饰被烧毁，到处都是黑色残骸。然而，视频中的亮点是，丹妮尔从车内的置杯架上拿起史丹利保温杯，尽管杯子外观略显熏黑，但几乎未受损伤。更令人惊讶的是，当她摇晃保温杯时，里面冰块的撞击声清晰可闻。

这段仅 14 秒的视频在短短 4 天内吸引了超过 8000 万次观看，迅速引起了史丹利品牌的注意。史丹利全球总裁赖利亲自录制视频回应，表达了对丹妮尔遭遇的同情，并感谢她通过视频展示了保温杯的卓越质量。赖利表示："我们将再送一些杯子给你，但还有一件事我们以前从未做过，也许未来也不会再做，那就是我们将帮你换一部新车。史丹利的所有人都想帮你换车……我想不出比这更能体现我们产品质量的例子了。"

史丹利品牌与车祸幸存者丹妮尔之间的温暖互动，激发了消费者对史丹利产品的新一波购买热情。网友们的积极反响，如"这是有史以来最巧妙的广告！""今年圣诞节交换礼物，可能人人都会收到 Stanley！""求快补货！"等，以及抖音官方账号的评论"这真是太贴心了"，都表明了这一事件对品牌形象的积极影响。这个案例可以说是内容营销和品牌形象管理的一个典范，它展示了以下几个关键点：

故事内容的力量：丹妮尔的视频讲述了一个关于产品品质的强烈故事，其中"车子起火"与"保温杯冰块未化"的对比，凸显了史丹利保温杯的卓越性能。品牌总裁的温暖回应，进一步增强了品牌的正面形象。

社交媒体的作用：抖音视频的高观看量证明了社交媒体在传播品牌故事方面的潜力。

快速、人性化的品牌反应：史丹利品牌全球总裁赖利的及时回应，展现了品牌的人性化关怀。

强化品牌价值和产品质量：视频和品牌回应强调了史丹利保温杯的高品质。

超出预期的品牌承诺：通过赠送新车，史丹利品牌传递了超越客户期望的承诺。

媒体关注与品牌曝光：事件受到了 Business Insider 等媒体的关注，为品牌带来了额外的曝光。

创造独特的品牌体验：个性化的回应和超出常规的行动，为消费者创造了独特的品牌体验。

总的来说，这个故事不仅展示了史丹利保温杯的耐用性和可靠性，也体现了品牌对消费者故事的重视和积极响应。通过这种消费者驱动的内容营销，史丹利成功地在社交媒体上创造了话题，提升了品牌形象，并可能转化为实际的销售增长。这种策略强调了品牌与消费者之间的互动，以及品牌如何通过社交媒体平台利用用户生成内容（UGC）来提升品牌声誉和市场影响力。同时，它也表明了促销沟通并不限于传统折扣，优秀的内容营销同样能够为品牌带来巨大价值，对内容电商平台的内容营销策略具有重要的借鉴意义。

在内容电商领域，促销的核心建议是将重点放在"内容"而非"电商"方面。内容是与消费者沟通的关键，内容的塑造应聚焦于吸引消费者的注意力。只有当消费者对内容感兴趣时，购买行为才可能发生。正如史丹利保温杯案例所示，通过"冰"与"火"、"保温杯"与"汽车"之间的强烈对比，成功吸引了消费者的关注，进而促成了销售。

早在 2011 年，笔者服务的美特斯邦威品牌也采取了类似的策略，通过购买 79 元 T 恤参与抽奖活动，有机会获得上汽集团名爵 MG3 汽车。这一活动在 8 个城市展开，持续了 20 多天，取得了显著的效果。与史丹利保温杯案例相似，美特斯邦威通过"79 元 T 恤"与"MG3 汽车"之间的巨大反差，极大地激发了消费者的好奇心和参与热情。

以上案例强调了促销活动中内容的重要性，以及如何通过创造强烈的对比和冲突来吸引消费者的注意力。在内容电商时代，品牌应充分利用内容的力量，通过创新的故事讲述和情感共鸣，来激发消费者的购买欲望，从而实现销售目标。

附录 2
私域运营及促销建议

　　私域流量作为一种新兴的营销手段，近年来成为电子商务和数字营销领域的一个热门话题，并且随着公域流量的获取越来越困难，成本越来越高，私域流量也成为企业获取用户的重要途径，越来越多的品牌和企业开始利用会员系统、社群、微信群、品牌 App 等进行私域运营，以获取私域流量，特别是在内容电商、社交媒体平台上。

　　那么，到底什么是私域流量，这里我们需要分清两个概念，私域和私域流量。私域是指品牌拥有的可重复、低成本甚至免费触达的用户场域，如品牌官网、移动应用、微信公众号、微信小程序、客户关系管理（CRM）系统等，强调的是企业在这些平台上对用户群体的管理和运营，以及与用户之间的直接沟通和互动。而私域流量则是指在私域内产生的流量，即通过企业自有的渠道或平台访问的用户流量，是品牌可以随时触达，可自由控制，能够反复使用，且免费的高度私有化的目标人群流量，简而言之，即品牌自有的，可开展个性化运营的用户资产。与公域流量相比，私域流量具有用户黏性高、可进行精细化运营、用户转化率忠诚度高等特点，因为这些用户通常是基于对品牌的信任或兴趣主动选择加入的。

　　私域与私域流量两者之间的关系打个比方，就像私域是容器，而私域流量是容器内的内容，有效的私域运营能够增加私域流量，进而提高用户的参与度、忠诚度和转化率。两者之间的区别就是私域更侧重于平台或渠道本身，而私域流量则侧重于通过这些平台或渠道产生的用户活动和交互，因此，从品牌战略角度来说，私域的建立是一个战略决策，需要企业在技术、内容、服务等方面的投入；私域流量的产生则是战略执行的结果，体现了用户对企业私域的参与和反馈。

现阶段，私域流量的构建主要围绕三大核心板块：

第一，以微信视频号为核心的品牌微信生态圈。微信视频号是腾讯推出的基于社交平台的新兴直播短视频平台，其核心逻辑在于信息产品的社交发布，即通过社交推荐机制来传播内容。视频号的推出，标志着微信生态在移动流量入口上的一次重要扩展，它不仅丰富了内容创作者的内容形态和变现途径，也为品牌提供了一种更加沉浸式的内容营销方式。对于普通用户而言，视频号提供了一个融合娱乐、生活、学习、工作和社交功能的综合平台。微信视频号与公众号、小程序、朋友圈以及微信社群相结合，形成了一个以用户为中心、内容为核心的完整商业闭环。

第二，电商平台与社交内容平台的结合。品牌通过在天猫、京东等电商平台以及微博、抖音、小红书等社交内容平台上建立官方账号，构建庞大的粉丝群。这些平台不仅为品牌提供了展示和销售产品的渠道，也成为品牌与消费者互动、建立品牌忠诚度的重要场所。

第三，品牌自建的App或官网。品牌通过自建的App或官网，直接与消费者建立联系，提供定制化的服务和体验。这种方式使得品牌能够更好地控制用户体验，同时收集和分析用户数据，为精准营销和产品优化提供支持。

这三个板块共同构成了品牌私域流量的多维网络，通过这些渠道，品牌能够更有效地管理用户关系，提升用户参与度，并通过个性化的内容和服务，提高转化率和用户忠诚度。随着私域流量战略的深入实施，品牌将能够更好地把握市场动态，实现可持续增长。

那么，企业如何才能做好私域运营管理呢？

企业在做私域运营管理之前，首先要明确私域的本质及定位。私域的组成虽然是数字化应用工具，但其本质却是渠道，只有充分了解了私域的本质是渠道这个概念，才能了解私域并不等于品牌官微、品牌社群、小程序等应用工具的累加，而是基于内容做营销的渠道，只有这样才能真正运营好私域。

为什么说私域是渠道？让我们先来了解渠道的定义。渠道在商业和营销领域的定义是指产品或服务从生产者到消费者的路径，其含义具体表现为以下五个要素。

分销途径：渠道是产品或服务在被制造出来到最终被消费者购买的整个流通过程中的各个分销点。这包括批发商、零售商、代理商、直销等。

沟通方式：渠道不仅是物理产品的流通途径，也是信息和沟通的途径。它包括企业与消费者之间的所有沟通和互动方式，如广告、推销、社交媒体互动等。

客户接触点：渠道是企业与其目标市场或客户群接触的点。这包括线上（如电子商务网站、社交媒体平台）和线下（如实体店铺、展会）的所有接触点。

价值传递：渠道不仅仅是物理商品的流通路径，更是价值传递的途径。通过渠道，企业传递其产品或服务的价值主张给目标消费者。

客户体验：渠道也是构建和增强客户体验的重要元素。通过不同的渠道，企业可以提供不同的购物体验，满足消费者的多样化需求。

从分销途径、沟通方式、客户接触点、价值传递、客户体验来看，私域完全符合渠道的定义。既然私域是渠道，那么私域运营的重点就是帮助企业实现核心业务目标——业绩增长，因此，私域渠道的运营也不可避免地要从传统的零售要素模型"人货场"角度出发，不过与传统渠道的"人货场"不同，私域是重新定义融合后的"人货场"：

首先，人。人发展为新的销售，场直接完成交易转化（人：数字化）；

其次，货。货成为信息媒体，反向重构供应链（货：即时满足）；

最后，场。场的疆域被重新定义，零售场景全时全域（场：全时全域）。

首先，我们来分析一下"人"，人的数字化包含两个方面：

（1）销售转变。在传统零售模型中，销售通常是通过人与人的直接互动完成。私域运营时代，销售的过程越来越多的依赖于数字化渠道，例如社交媒体、在线平台等。这意味着销售人员不仅要懂得线下销售技巧，还需掌握数字工具和在线营销策略。

（2）交易转化。数字化不仅改变了销售方式，还提高了交易的效率和便捷性。客户可以在任何时间、任何地点进行购买，这要求销售人员能够适应并优化这种全新的交易方式。

其次是"货"，货的即时满足也包含两个方面：

（1）货物作为信息媒介。在私域运营中，产品不仅是交易的对象，也成为传递品牌信息和价值的媒介。通过产品故事、用户评价等内容，货物帮助构建品牌形象和用户体验。

（2）供应链的重构。传统供应链模型强调存货管理和成本控制，而私域运营强调的是即时满足顾客需求。这就要求供应链能够更加灵活和高效，以快速响应市场变化。

然后是"场"，场的全时全域同样包含两个方面：

（1）场景的重新定义。以往的零售场所主要是实体店铺，而现在随着私域运营的兴起，零售场景扩展到了线上，包括社交媒体、品牌应用、电子商务平台等。

（2）全时全域的体验。顾客可以在任何时间、任何地点接触品牌和购买产品。这就要求企业在不同的平台和渠道上提供一致且高质量的顾客体验。

总的来说，私域作为"人货场"重新定义融合后的渠道，其变化是巨大而深刻的，企业需要去适应这种变化，通过数字化、即时响应的供应链和全时全域的营销策略来提高效率和顾客满意度。而针对"人货场"零售三要素，企业私域运营中最核心的点用十二字概括就是"可连接，可识别，可触达，可运营"。

因此，品牌 IP 人设的打造、顾客画像的建立、内容制作的情感价值主张以及品牌 KOS 体系的建立就显得尤为重要。

第一，品牌 IP 人设的打造。

私域品牌 IP 人设的打造需要遵循的一个基本原则就是：既要保持和目标客户群体同类人设，但是同时又要高于他们。并且这是一个细致且关键的过程，涉及品牌与顾客的深度链接。

一是，要明确品牌的核心价值观和文化，这是打造品牌 IP 人设的基础。品牌的价值观应与目标顾客群体的价值观相契合。

二是，深入研究和理解目标顾客群体的特征，包括他们的年龄、性别、职业、兴趣爱好、生活方式等。这有助于创建更具吸引力和相关性的品牌形象。

三是，品牌故事和人格。构建一个有吸引力的品牌故事，赋予品牌独特的人格特质，如亲和力、可靠性、创新性等。品牌故事和人格应与目标顾客产生共鸣。

四是，品牌视觉和语言风格。确保品牌的视觉元素（如 logo、色彩、设计风格）和语言风格（如口吻、用词）一致且与品牌人格相符。

五是，互动和沟通方式。确定品牌与顾客互动的方式，这包括选择合适的沟通渠道（如社交媒体、电子邮件、App）和互动方式（如直播、社区论坛、客户服务），与顾客的沟通渠道并不是越多越好，而是应该根据品牌态度与目标受众选择最合适的。

六是，制定与品牌人格和价值观相符的内容策略，内容应贴合目标顾客群体的价值主张与兴趣爱好。

七是，品牌人设不是一次性的行动，而是需要长期持续和维护的，以确保在不同时间点和渠道保持品牌形象和信息的一致性。

一位名为"黑勇 HEIYONG"的内容创作者，其运作手法和思路值得借鉴和参考。他分别在微信视频号、抖音、小红书设有自己的官方账号，通过视频内容+直播带货的方式运营自己的私域。其在微信视频号、抖音、小红书的人设标签是私人太空旅行计划首位中国参与者,英国留学,纺织品设计专业,

5个品牌创始人。从其个人形象、视频内容以及直播来看，其所想要传递的品牌内涵是经典、传承、品质，想要吸引的目标受众也是追求高品质、高性价比的有一定经济实力和文化素养的消费者。

为了塑造与之相符合的品牌IP人设，黑勇作为资深时尚行业从业者，他并没有过分卖弄自己的专业背景，而是用温和且有诗意的表达来诠释自己对美和时尚的理解，比如"穿着是心灵的映照""真正能够打败岁月的只有丰盈有趣的灵魂""自信是美的最佳配饰""打动我的是经年累月后，我脑海里浮现的，在三里屯惊鸿一瞥地看到的你，你浑身闪耀着自然的光泽""驾驭简单搭配需要最丰蕴的灵魂"等。其内容制作采用专门的格式，以冷门的时尚知识/细分枯燥内容结合热门的潮流风尚/明星话题/时下热点，形成自己特定的风格，目前有黑勇脱口秀、品牌合集、30秒学穿搭系列、偶像穿搭、单品穿搭、狂飙系列六大系列内容（抖音平台独有一个特别系列：私人太空旅行计划），直播带货则采用脱口秀形式。

黑勇出圈的视频内容是他将冷门的"Power Suit"和热门电视剧《狂飙》中高启强的着装结合在一起，详细给大家介绍了"Power Suit"权利套装的特征（双排扣、宽驳领、尖驳头），充分引起了大家的兴趣。

最近随着电视剧《繁花》的热播，黑勇又推出了一系列与之相关的视频内容：繁花三件套、繁花的T恤、繁花的西装。"繁花的T恤"这一期，从胡歌拿打火机烧不着的T恤到底是什么切入，给大家普及了锦纶亮光长丝的特性和优点，并且说明了T恤烧不着的原因是锦纶亮光长丝面料在喷丝过程中加了阻燃材料，视频切入的角度很新颖内容也很有趣，在内容运营上，黑勇所有视频内容抖音、小红书、微信视频号会同步，以确保品牌态度及精神的一致性，但在产品配置及直播内容方面，则会根据平台用户特性有所差异，比如微信视频号、小红书会更偏女性精品，而抖音会更偏男性精品。

第二，顾客画像的建立。

私域渠道顾客画像的建立是一个系统化的过程，旨在深入了解目标顾客群体的特性和需求。首先品牌可以通过在线调查、社交媒体分析、购买记录、行为跟踪等方式收集目标受众的各种数据，包括基本人口统计信息（如年龄、性别、地理位置）、购买历史、浏览行为、社交媒体活动等。其次是根据收集到的数据，将顾客群体划分为更小的细分人群。

每个细分人群可以基于特定的特征或行为模式来区分，如年龄段、兴趣爱好、购买习惯等，然后分析每个细分市场中顾客的行为模式，包括购买决策过程、品牌偏好、产品使用习惯等，识别各个细分人群的需求和痛点，了解他们对产品或服务的期望，以及他们在购买过程中可能遇到的问题，在此基础上，再结合目标受众的心理特征分析，如生活方式、价值观、个人目标等，了解他们的内在动机和偏好，从而创建详细的顾客画像。

之后，再通过实际的促销活动不断测试顾客画像的准确性，并且持续监控市场状况和顾客行为的变化，定期更新和优化顾客画像，确保其始终反映最新的顾客特征和需求。在这一点上，做得最好的当数化妆品品牌。根据网上的公开信息，某品牌通过自建和购买等方式，建立会员多维度标签，如获取渠道、偏好产品、所属圈层、社交喜好、行为数据等。然后进行数据加工实战应用，比如营销人员常常需要的精准化营销、个性化推送等，通过标签系统，把指定的商品推给真正有需求的消费者，通过打造会员标签，精准拉新互动。

第三，注重品牌精神的内容塑造。

在私域，用户粉丝与品牌的关系，内容端口的品牌推广及品牌形象塑造是关键，其目的是在目标顾客心中建立起品牌的独特形象和价值观念，然后通过内容营销建立品牌与顾客之间更深层次的情感联系和品牌忠诚度。

做好内容营销，首先要明确品牌想要传达的核心信息和价值观，这些信息应与品牌的长期愿景和目标顾客群体的价值观相契合，然后根据目标顾客的兴趣和需求定制内容策略，内容应具有相关性、价值性和吸引力，能够引起目标顾客的兴趣和情感共鸣。然后采用多样化的内容形式，如博客文章、视频、图像、播客、社交媒体帖子等，以适应不同顾客的消费习惯和偏好。

在内容塑造过程中要注重内容的故事性和情感链接，利用故事来传达品牌信息，因为故事能够更好地吸引人们的注意力并建立情感链接。品牌故事应真实、具有吸引力，并与品牌精神相呼应，同时鼓励目标顾客群体参与和互动。例如，通过社交媒体评论、在线论坛或用户生成内容，让顾客参与品牌故事的共创，最后保持内容塑造的一致性和持续性，确保所有内容都与品牌形象和信息保持一致，并定期发布新内容以保持顾客的兴趣和参与，同时要通过跟踪相应指标（如观看次数、点赞、分享、评论等）来测试内容的效果，并据此进行优化。

第四，品牌 KOS 体系建立。

在私域运营中还有一个非常关键的一个点，即品牌需要培养自己的意见领袖，即 KOS，全称叫作 Key Opinion Sales，意思就是关键意见销售即具备专业销售能力和大量行业、品牌知识储备的内容创作者。品牌 KOS 是品牌旗下提供销售服务的工作人员，其借助网络社交平台，开设专有账号，以此向用户提供品牌及产品推介服务的模式，对比 KOL（关键意见领袖）和 KOC（关键意见消费者），他们对品牌和产品更加了解，因此他们既可以站在专家的角度，对产品进行评测，为用户提供真实的使用体验分享，又可以站在品牌销售的角度，有力地讲述品牌和产品，从而带来较高的销售转化。

笔者曾服务的 UOOYAA 品牌 2021 年推出的"超级个体"项目正是基于此背景下运行的。该项目的打造理念：

- 依靠平台获取红利时代已成为过去，品牌需要自主营造个人私域流量，从而在内容营销上取得先机；
- 在内容社交盛行的年代，基于人的用户关系去获取、留存、转化，把存量变增量，通过社交裂变新增量；
- 零售三要素"人货场"被重新定义并融合：人 – 数字化，货 – 即时满足，货 – 全时全域。

该项目共计四个阶段：

第一阶段是企业内部资源盘点，找出适合的店铺和适合的人；

第二阶段是设立机制，明确内容输出标准、制订计划和要求以及跨部门工作流程；

第三阶段是技能提升，提供详细的操作手册，通过自我学习和培训的方式提升内容制作的能力；

第四阶段是重点超级个体培养，明确的晋升体系给予零售终端优秀的KOS成长机会。

不过，每个品牌的私域运营都是不同的，任何别人的私域运营的策略、技巧与方法只是参考，不能直接照搬，企业还是需要从自身实际情况出发，结合品牌态度、品牌特性，明确自己的用户从哪里来，围绕用户自身的品牌包装，内容营销应该如何操作。

关于私域运营，本质上是用户思维，是一个可以和用户直接对话的渠道，是一个与用户直接接触、建立信任的过程，其核心是用户，是内容，是为消费者提供情绪价值，因此，在运营环节，一定不要把用户当作流量，简单粗暴地用打折促销做流量收割，设想一下，在这样一个大的移动互联网的营销环境下，一部手机就可以完成所有操作，如果你的品牌只是简单地靠打折靠价格战，那么消费者很容易就因为更低价格转换品牌，对他来说这种转换根本就不需要花费任何成本，所以品牌在私域运营上更应该采用品牌化运作的思路，以用户为主导，创作更多让消费者兴奋的内容（这其中也包括用户自己提供的UGC内容），增强品牌与用户之间的联系，培养与用户之间的长期关系。对于传统渠道来说，购买是结束，而对于私域这种新兴渠道，购买只是一个开端，企业通过不断输出足够好足够丰富的内容，不断吸引并留住用户，最终的生意变现，更多是水到渠成的结果。

| 附录 3 |
全域经营模式下的促销路径

全域经营模式是一种数字化经营策略，它由腾讯于 2022 年底明确定义，指的是企业通过数字化手段建立的、以消费者为中心，整合线上线下场景，以及公域和私域触点的一体化经营模式。这种模式的目的是构建一个品牌自有的、线上线下一体化、全渠道公域私域联通、数字化可控的全域阵地。

随着线上线下结合成为数字化经营的常态，超过 70% 的中国消费者采用线上线下结合的方式进行消费。企业开始摒弃传统的线上线下经营模式，转而整合线上线下的客户关系管理和服务体系，实现全渠道一体化运营。全域经营不仅仅是全渠道的概念，它更强调深度的用户经营和体验管理，而私域则是全域经营的基础。

在全域经营时代，企业不仅要构建有效的私域，还需要实现公域流量、公域门店、私域用户池、私域门店等各触点的有效连通，实现客流、信息流、服务流的无缝链接与互通，以优化用户体验和提升品牌经营效率。

公域流量可以比作自来水，需要付费使用，而私域则像井水，虽然打井成本高，但使用成本却很低。在全域经营模式下，企业在制定品牌促销策略时，应遵循消费者的购买行为路径，在关键环节寻找适合企业特点和发展方向的促销路径。

总之，全域经营模式要求企业在线上线下、公域私域之间建立紧密的联系，通过整合资源和优化用户体验，实现品牌价值的最大化。企业需要在这一模式下不断创新和调整策略，以适应不断变化的市场环境和消费者需求。其五个阶段如下：

第一阶段消费者行为：引起关注 VS 品牌促销路径——碎片化娱乐化。

碎片化娱乐化是指将大量信息和娱乐内容以简短、易于消化的形式呈现给用户，与传统的线性娱乐方式相比，它更强调内容的快速消费、简洁性和精炼性。这种娱乐方式通常以短视频、短篇小说、音乐片段、小游戏等形式出现，使得用户能够在零碎的时间里迅速消费和享受内容。

碎片化娱乐化的主要特点包括：

（1）短时消费。内容通常以短视频、短篇小说、音乐片段等形式出现，用户可以在短暂的空闲时间内迅速消费。

（2）多样性。内容种类丰富多样，涵盖搞笑视频、美食制作教程、旅行分享、时尚潮流等多个领域，满足用户对不同类型内容的兴趣和需求。

（3）个性化推荐。平台通过算法分析用户的观看历史和偏好，为用户提供个性化的内容推荐，确保内容与用户的兴趣高度匹配。

（4）社交互动。碎片化娱乐化平台往往集成社交功能，用户可以分享自己喜欢的内容，发表评论，与其他用户进行互动和交流，从而增强了娱乐体验的社交属性。

这种娱乐方式的兴起反映了现代社会快节奏生活下人们对娱乐消费的新需求，它不仅为用户提供了便捷的娱乐选择，也为内容创作者和平台提供了新的创作和分发渠道。随着技术的不断进步和用户需求的多样化，碎片化娱乐化将继续在数字娱乐领域扮演重要角色。

第二阶段消费者行为：进行互动 VS 品牌促销路径——内容+场景化。

内容+场景化是一种营销策略，它通过将用户沉浸在由内容构建的虚拟环境中，利用环境中的相关元素激发用户的共鸣，从而触发购买行为，包括但不限于分享和转发。这种策略通过视觉、听觉和互动等多种感官体验，让用户在情感上与产品或服务产生联系。

直播作为一种新型的内容+场景化渠道，允许主播在与观众互动的同时展示新产品的使用。观众可以在不中断观看的情况下，通过直播页面的购物车标志直接将商品加入购物车，实现边看边买的无缝购物体验。

直播媒介将虚拟空间与现实世界无缝融合，打破了场景营销仅限于线下的局限。随着不同平台账号体系的互联互通，以及移动支付的便捷性和消费者习惯的改变，直播结合电商的营销模式因其低成本、高效性和高品牌曝光度，正逐渐成为企业进行场景营销的新趋势。这种模式不仅提升了用户体验，也为品牌提供了更直接的营销途径和更高的转化率。

第三阶段消费者行为：产生兴趣 VS 品牌促销路径——品牌 IP 化。

品牌通过 IP 化运作，能够将抽象的品牌形象转化为具有人格化特征的实体，这种转变不仅丰富了品牌内涵，也为品牌构建了独特的圈层文化。这种文化代表了一种生活方式，能够吸引那些与品牌价值观和生活方式相契合的消费者群体，从而促进粉丝经济的发展。

品牌 IP 化的优点主要体现在以下几个方面。

（1）加强信任与降低成本。在竞争激烈的市场环境中，产品已经从单纯的功能性需求转变为情感和精神的寄托。品牌 IP 化通过赋予品牌人格、角色和情感温度，有效缩短了与消费者的距离，解决了信任问题，降低了品牌背书的成本。这种人格化的品牌形象在碎片化传播中能够实现稳定的价值传递，建立情感共识，提升品牌的可识别度和记忆性。

（2）自带流量与降低营销成本。品牌 IP 化能够吸引忠实的粉丝群体，这些粉丝不仅对品牌有深厚的情感，而且愿意为品牌进行自发的传播。成功的 IP 形象能够紧密贴合品牌特性，满足目标人群的心理需求，从而吸引流量，成为品牌的免费代言人。这种自带流量的特性，使得品牌在线上传播中能够发挥更大的优势，打破传统的呈现方式，为受众带来多样化的体验，有效降低了营销成本。

（3）拓展品牌衍生与实现商业闭环。品牌 IP 化不仅能够通过跨界合作和周边产品开发来拓展品牌影响力，还能够捕捉流行趋势，与时代精神紧密结合，保持品牌的活力和竞争力。这种衍生能力使得品牌能够在不同品类和时期保持强大的变现能力，实现商业闭环。

总的来说，品牌 IP 化的最大价值在于挖掘品牌的人性，通过赋予品牌以性格、文化和价值观，使其成为一个有血有肉、有灵魂的存在。通过持续的内容生产和用户参与，品牌 IP 化能够与用户建立深厚的情感联系，提供情感共鸣，最终实现品牌与消费者之间的情感和商业价值的双重提升。

第四阶段消费者行为：产生购买 VS 品牌促销路径——"种草"（模仿购买）。

在移动互联网时代，"种草"营销策略的核心在于通过内容创造和激发消费者需求，无论是通过新颖的创意吸引用户产生新的需求，还是通过情感共鸣唤醒用户的潜在需求。品牌通过场景化的产品展示，有效地满足了用户的这些需求。

"种草"营销成功的关键在于能够触动消费者的情感，激发他们的兴趣和购买欲望。为了实现这一目标，品牌需要深入了解不同推广平台的用户特征和内容偏好，以便精准地通过 KOL（关键意见领袖）和 KOC（关键意见消费者）等具有影响力的人物，输出与目标受众高度相关的、具有场景化特征的内容。

通过 KOL 和 KOC 的推荐，品牌能够将产品与特定的生活场景相联系，使消费者在心理上与产品产生共鸣。这种情感上的链接使得"种草"营销比传统的广告覆盖更为有效，因为它能够直接触及消费者内心，促使他们采取行动。

总之，"种草"营销是一种以内容为核心、以情感为纽带的营销方式，它要求品牌在移动互联网时代，不仅要有创意和策略，还要有对用户心理和行为的深刻理解，以及对推广平台特性的精准把握。通过这样的方式，品牌能够更有效地与消费者建立联系，激发他们的购买行为，从而实现营销目标。

第五阶段消费者行为：分享经验VS品牌促销路径——熟人口碑强关系（高信任/分享互惠）。

消费者之间的经验分享，尤其是通过熟人口碑进行的种草，是建立在强关系基础上的口碑传播。这种基于信任和情感联结的推荐，往往比传统广告更具说服力。强关系中的"种草"意味着消费者对推荐人的品质和品味有着长期的信任，这种信任相当于一种隐性的质量保证，它不仅减少了消费者在筛选商品时的时间和精力成本，还促进了双方通过共同话题的交流，加深了彼此的情感联系。

研究表明，朋友和家人的推荐对消费者的购买决策有着显著影响，超过80%的消费者会受到这些评论的影响。在这种口碑传播的过程中，消费者容易被那些富有娱乐性、感染力和情感共鸣的产品宣传吸引，从而可能从线上的观察者转变为线下的实际体验者。

为了在消费者中积累良好的口碑，品牌需要重视并投资于提供优质、个性化的用户体验。通过创造令人满意的使用体验，品牌能够激发消费者的正面反馈，进而通过口碑效应吸引更多的潜在客户。这种基于真实体验的推荐，不仅能够提高品牌的信誉，还能够促进消费者之间的社交互动，形成良性循环，推动品牌和产品的长期成功。

总的来说，在全域营销环境下，促销活动的要求变得更加严格和全面。这不仅体现在对沟通内容创作的高标准上，也体现在对产品品质的持续追求方面。在这种环境下，促销内容的创作不再是品牌单方面的任务，而是需要与价格策略和各销售渠道的行动保持高度一致性。

对于传统企业而言，无论是原来侧重于线下销售还是线上销售，过去那种在不同渠道设定不同定价的策略将面临重大挑战。全域促销的核心在于实现一致性，即品牌需要回归其定位，对线上线下的消费者采取统一的策略和行动。

这意味着品牌需要在所有渠道上提供一致的用户体验，确保价格策略和促销活动在各个平台上的同步执行。这种一致性的作战策略有助于强化品牌形象，提升消费者的信任度，并促进跨渠道的协同效应。

在全域促销中，品牌需要精心策划内容，确保信息的吸引力和相关性，同时要确保所有渠道的促销活动都能准确传达品牌价值。这种策略要求企业在营销策略、产品定价和促销活动上进行精细化管理，以适应不断变化的市场需求和消费者行为。通过这种方式，品牌能够在竞争激烈的市场中脱颖而出，实现可持续增长。

| 附录 4 |
B2B 企业品牌化管理及促销规划的建议

作为数个 B2B（Business-to-Business）企业的品牌顾问，笔者在合作过程中深刻体会到，这些企业在品牌塑造和促销规划方面具有巨大的发展潜力，尤其是在品牌化运作及促销规划方面。通过精心的品牌战略和创新的促销方法，B2B 企业不仅能够提升自身的市场地位，还能够有效地扩大业务范围和增强市场竞争力，对于那些准备探索和利用这个领域的 B2B 企业来说，无疑极具挑战性。不过笔者在理解和帮助企业实施 B2B 品牌化运作及促销规划的过程中，也发现许多 B2B 企业对品牌化运作和促销规划存在一些认知盲区，为此本书特别增加一个章节，旨在梳理和分享关于 B2B 企业品牌化运作及促销规划的核心要点，为 B2B 企业的经营者和市场人员提供一些参考，帮助他们更深刻地理解品牌化运作及促销规划的真正含义及其有效实践方式，从而赋予 B2B 企业更强的市场竞争力。

在中国，B2C（Business-to-Consumer）企业经历了二十多年的发展，才迎来了品牌营销的鼎盛时期，尽管仍有许多企业在品牌化运作及品牌形象塑造方面还处于摸索阶段，甚至走了不少弯路，但至少大多数企业在意识层面上已经认识到品牌化运作的重要性和品牌形象塑造的价值。相比之下，B2B 企业品牌化运作及品牌形象塑造方面起步与发展均要落后于 B2C 企业，目前 B2B 企业在品牌化运作和促销规划方面面临的最大挑战是品牌观念的滞后，事实上，大约 70%~80% 的 B2B 企业缺乏对品牌化运作的意识，没有清晰的品牌建设思路，或者尚未意识到品牌建设对企业成功的重要性，主要表现在以下几个方面。

（1）企业管理层缺乏品牌化意识。

许多B2B企业管理层过分强调产品功能和性能的作用，认为购买产品是通过相对客观的理性决策过程来作出选择，所依赖的标准也是所谓的硬性指标，如产品规格、价格、功能、质量等，而对品牌建设所涉及的企业形象、品牌声誉、知名度、忠诚度等软性指标并不感兴趣，或者认为品牌建设的回报不如直接业务成果明显。

（2）品牌发展策略的缺失。

在其看来，中国商业环境讲究的是"关系"，通过建立和维护与客户的良好"关系"，企业可以很容易获得合作机会，而且在其意识里，B2B企业拼的就是"关系"，然后再通过搞资源、给回扣、低价格，或者弄点专利技术充充门面就可以了，根本不需要品牌化运作照样可以销售产品，因此，企业对于品牌定位及品牌宗旨（品牌愿景、价值观等）没有清晰的战略方向，也不清楚品牌如何支持其业务目标和市场定位。

（3）过分追求短期快速目标。

品牌化运作及品牌形象塑造是一个长期且持续的过程，需要企业在品牌定位、品牌故事、品牌传播等方面进行持续投入，然而企业缺乏对这一过程的耐心和承诺，更倾向于寻求快速的市场反馈和成果，更愿意将企业有限的资源优先投入直接产生销售收入的市场活动，如销售团队建设、客户关系维护和产品开发，而品牌建设投入往往被视为次要的支出。

（4）对市场环境变化的认知不足。

随着移动互联网时代背景下数字化、人工智能、大数据等带来的快速发展与变化，给B2B行业和商业环境带来了巨大变化，市场竞争突破了时间、空间的限制，传统B2B企业仅仅依赖以往的资源、关系、回扣或价格竞争已不足以在市场中脱颖而出，而所谓的专利技术壁垒也随着科学技术的快速发展逐渐被打破，如果 B2B 企业只是单纯地把竞争力放在物理属性的功能价格竞争方面已经远远无法满足当下市场争夺战，但很多企业未能及时认识到这些发展与变化对行业和商业模式的影响，缺乏对品牌进行创新和更新的意识，低估了数字化营销时代品牌化运作及品牌形象塑造的重要性。

那么 B2B 企业如何才能更好地实施品牌化运作及促销规划呢？笔者认为首先企业要提高自身对品牌化运作及促销规划的认知。接下来，分别从品牌化管理及促销规划两个方面来进行阐述。

品牌化管理

品牌化是一个复杂的过程，它涉及创建、发展和维护一个品牌，以便在客户心目中建立独特的身份和价值。品牌化不仅仅是设计一个标志或选择一个名称，它是一个全面的策略，旨在通过一致的品牌形象和信息来吸引和保留客户。品牌化通常包括以下几个关键内容。

品牌定位：确定品牌在市场中的位置，以及它与竞争对手的区别，明确品牌的目标受众和品牌希望传达的核心价值。

品牌识别：设计品牌的视觉元素，如标志、颜色方案、字体和包装设计。这些视觉元素需要在所有品牌触点上保持一致，以便于识别。

品牌价值：定义品牌所代表的价值观、承诺和信念。确保品牌价值与客户的需求和期望相匹配。

品牌故事：创建一个引人入胜的品牌故事，讲述品牌的起源、发展和愿景，有助于建立情感联系，使品牌更具吸引力。

品牌信息：制定一致的品牌信息，包括品牌口号、标语和品牌声音。这些信息应该在所有营销材料和沟通中得到体现。

品牌体验：设计和提供一致的品牌体验，无论是线上还是线下，其中包括客户服务、产品使用体验、零售环境等。

品牌传播：通过各种营销渠道和活动来传播品牌信息，包括广告、公关、社交媒体、内容营销等。

品牌忠诚度：建立和维护品牌忠诚度，通过提供优质的产品和服务与客户建立长期关系，其中忠诚度计划和客户关系管理（CRM）策略是关键组成部分。

品牌监测和管理：定期监测品牌的市场表现，包括品牌知名度、声誉和客户反馈，并且根据市场变化和客户行为调整品牌策略。

品牌化是一个持续的过程，需要企业不断地投入资源和努力来维护和发展。一个强大的品牌可以为企业带来竞争优势，提高市场份额，增加客户忠诚度，并最终提升企业的长期价值。

以纺织业为例，中国纺织产值全球占比超过50%，但全球纺织品牌百强企业美国58家、德国9家、法国8家、日本7家、瑞士4家、英国4家、意大利2家，而中国0家，究其根本原因是中国纺织企业品牌化运作意识薄弱。

笔者曾经给国内一群面料企业做过为期两天的品牌启蒙培训，发现了一个很有意思的现象。很多面料企业既没有品牌规划，也没有产品规划，还没有严格的价格体系规划，其生意的做法就是客人拿一块面料来问这个你可以做吗？多少钱？价格合适就成交，不合适就换家公司结束。然后笔者又问其中几家面料公司是做什么面料的？有两家公司给到的回答是，我们什么都做，我们的企业使命是服务好每一个客户。

反过来我们看看国外面料企业是如何做的？前段时间笔者去意大利参观了三家面料企业，其中第一家公司有360年的历史，第二家公司有160年的历史，另外一家相对年轻的企业也有60年的历史，这三家企业都是意大利羊毛混纺高端面料公司。三家公司进行介绍时讲的是他们当年创业的初衷、品牌定位以及品牌运营管理过程中发生的有趣故事，其会在全球采购最好的原料，会送面料设计师去读法国与英国最好的设计学院，有属于自己的面料品牌（即公司名字），有属于自己的面料审美，只卖自己开发的面料，拒绝客户自己拿面料过来谈合作，其价格公开透明，其中具有360年历史和160年历史的面料公司还有属于自己的面料历史博物馆（在博物馆里你可以看到他们一百多年前的面料花色与面料实物），并且三家面料公司在过去十几年里开始进一步加强品牌化运作，给自己的面料系列命名、定位、做促销（在合作公司吊牌上做品牌展示，召开品牌发布会等）。对比之后我们不难发现，品牌化运作在商业成功中的重要性，据麦肯锡调研表明，强势品牌的B2B公司业绩要比弱势品牌至少高20%。

《麻雀公司变凤凰》一书的作者麦克·法兰研究了7000多家企业，与1500多名管理人员进行访谈，阅读与分类了5600多篇文章，得出了一些关于强势品牌成功和增长的关键结论：

其一，清晰的市场定位和差异化。企业在市场中找到自己独特的定位后可以通过差异化吸引更多的目标客户群体。

其二，明确的核心使命。"品牌有使命，给公司加冕"，成功的企业往往有一个清晰的使命和愿景，这不仅指导着企业的发展方向，也是激励员工和吸引客户的重要力量。

另外，笔者研究分析了一些知名B2B的品牌化运作案例，如通用电气，通过强调其在能源、医疗、航空等领域的创新和领导地位来塑造品牌形象，通过数字化转型和"工业互联网"战略，GE强化了其作为工业解决方案提供者的品牌形象。3M以其广泛的产品线和持续的创新而闻名，品牌化运作体现在其不断推出的创新产品上，如便利贴、透明胶带等，并且3M通过强调其在多个行业的解决方案提供能力，以及对可持续发展的承诺，来提升品牌价值。英特尔则通过其在半导体技术和计算领域的领导地位来塑造品牌形象，然后通过"Intel Inside"以奖励为基础的合作广告模式（英特尔从处理器采购价格中抽出一定比例用作广告基金，以分担电脑生产商的广告包括英特尔标志的费用）等营销活动，英特尔成功地将其品牌与高性能计算和技术创新相联系。发现这些品牌的品牌化运作主要涉及以下几个方面。

品牌定位：明确品牌在市场中的位置，以及它所代表的独特价值。

品牌故事：讲述品牌的历史、成就和对未来的愿景使命，以建立情感联系。

创新与领导力：通过不断的技术创新和行业领导来维持和提升品牌地位。

数字化战略：利用数字营销和社交媒体来扩大品牌影响力，与客户建立更直接的联系。

因此，笔者认为B2B企业要实施品牌化运作的关键是内外部"品牌"沟通保持一致性，即确保"品牌"有清晰的品牌定位、明确的品牌宗旨（包括使命、愿景、价值观）。但是对于"品牌"每个人的理解各不相同，如何确保内外部品牌的沟通保持一致性，有没有什么战略框架可以依循？

下面笔者将通过品牌黄金环模型探索这些问题的答案。

品牌黄金环模型是由西蒙·西尼克（Simon Sinek）提出的一种品牌战略框架（如图附录4-1所示），它强调了品牌成功的核心在于理解并传达"为什么"（Why）存在，而不仅仅是"如何"（How）和"什么"（What）。

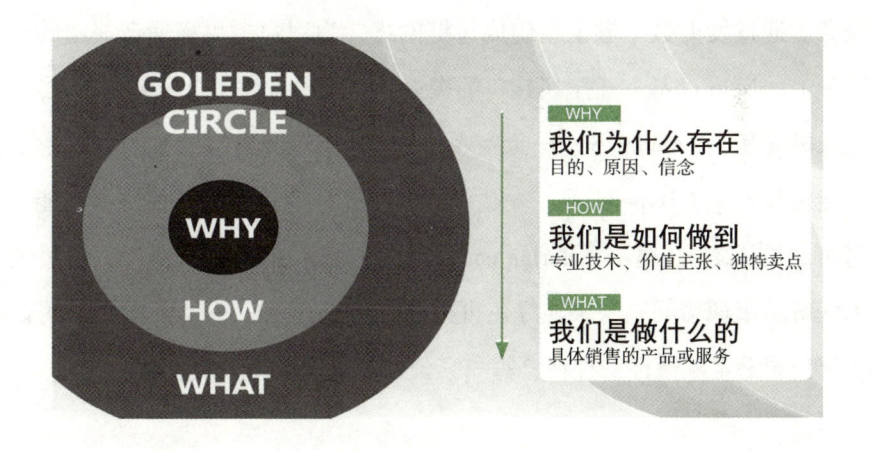

图附录4-1　品牌战略框架

Why（为什么）

这是黄金环的核心，代表品牌存在的目的、原因和信念。它回答了"为什么我们要这样做（即你为什么做你所做的事情）？"的问题。这不是关于盈利的问题（这是结果），而是关于品牌存在的理由，是品牌与客户建立情感联系的基础，它激发了客户的情感共鸣，使品牌不仅仅是一个产品或服务的提供者，而是一个有着共同价值观和目标的伙伴。

它涉及品牌的使命、愿景、价值观以及品牌希望解决的问题或改变的世界。就像埃隆·马斯克创办公司的目的并不是为了盈利，而是为了改变人类的生活与工作，打破现有的局限性。埃隆·马斯克改变人类命运的雄心体现在他的技术创新和对全球性问题的关注上，他相信科技可以改变人类生活，提高生活质量。旗下特斯拉——电动汽车革命（自动驾驶）；Space X——太空探索的先锋（火箭发射/回收和再利用技术）；Solo city——太阳能领域的创新者（将可再生能源引入城市生活，如太阳能发电）；Star link——卫星互联网服务（通过发射数千颗卫星组成星链网络，为用户提供高速低成本的互联网服务）；Neura link——脑机接口的探索者（通过将微型电子装置植入人体，实现人机交互）；Model π——天空手机（创新的星链通信技术，太阳能充电，神经连接技术）；Hyper loop——超级列车（真空钢管运输，使用太阳能，每小时可达到1223公里）；Boring company——城市交通的革新者（通过创新技术缓解城市拥堵问题，关注绿色可持续）；Open AI——人工智能，可以说每一家公司都是颠覆性的存在，每一家公司都足以改变人类进程。

How（如何）

这是黄金环的第二层，描述了品牌如何实现其"为什么"。它回答了"我们如何做（即你如何实现你的目标）？"的问题。"如何"涉及品牌的独特方法、过程、技术和创新，这些都是品牌实现其使命和愿景的具体方式。这部分展示了品牌如何与众不同，以及它如何通过特定的行动来实现其目标。

What（什么）

这是黄金环的最外层，描述了品牌提供的具体产品、服务或成果。它回答了"我们做什么（即你实际上做了什么）？"的问题。"什么"是品牌向市场提供的直接产出，包括产品特性、服务内容、价格等物理属性。这部分是品牌与竞争对手最直接对比的部分，也是人们最容易理解和认知的部分，但它并不是品牌成功的关键因素。

如表附录 4-1 所示，通过表格我们可以更加清晰地了解品牌黄金环。

表附录 4-1　品牌黄金环

品牌黄金环	WHY 我们为什么存在 ·目的、原因、信念	HOW 我们是如何做到 ·专业技术、价值主张、独特卖点	WHAT 我们是做什么的 ·具体销售的产品或服务
理性层面 ·概念、判断和推理阶段的认知	意义／目标 ·本我认知：品牌设计要符合自身价值观及美学 ·活在当下：品牌理念要吻合当下环境及需求	行为方式-标准 ·系统性：整体运营框架 ·标准化：工作流程体系 ·技术性：产品专业技术／视觉营销技术 ·美学性：品牌视觉／营销要素	产品本身 ·产品的客观属性：外观、质量等
感性层面 ·感觉、知觉和表象等直观形式的认知	故事共鸣 ·本我认知：创始人情感诉求（梦想／愤怒……） ·活在当下：客户情感诉求（梦想／愉悦／痛苦……）	沟通方式-人设 ·地缘性特征：根源出处、约定俗成 ·群体属性：圈层文化认同 ·日常沟通：价值主张／情感联结	服务体验 ·产品的情感价值："以人为本"，围绕人设及客户情感诉求设定服务标准（沟通话术、情感表达等）

黄金环的作用主要体现在以下几个方面：

核心价值的传达：黄金环的中心是"为什么"，即品牌存在的核心原因和驱动力。其通常是品牌的使命、愿景或核心价值观，它能够激发客户的情感共鸣，建立品牌与客户之间的情感联系。

差异化竞争：在竞争激烈的市场中，品牌需要找到独特的价值主张来区分自己。黄金环强调通过"为什么"来建立品牌的独特性，而不是仅仅依赖产品特性或价格，这有助于企业在竞争中脱颖而出。

忠诚度的培养：当客户理解并认同品牌的"为什么"，他们更可能成为忠实的客户。这种忠诚度不仅仅是基于产品或服务，而是基于对品牌理念的支持和认同。

员工的激励：黄金环不仅对外部客户有效，对内部员工同样重要。当员工理解并相信公司的"为什么"，他们更有可能投入工作，提高工作效率和创造力。

长期战略的指导：黄金环提供了一个清晰的战略框架，帮助企业在面临决策时回归核心价值。这有助于企业在长期发展中保持一致性和方向性。

市场传播的有效性：在市场传播中，清晰传达品牌的"为什么"能够更有效地吸引目标受众，因为它触动了客户的情感和价值观，而不仅仅是理性的购买决策。

品牌故事的构建：黄金环鼓励企业构建有吸引力的品牌故事，这些故事能够讲述品牌如何诞生，以及它如何影响世界，从而增强品牌的吸引力和记忆度。综上所述，品牌黄金环的重要性在于它能够帮助企业从更深层次上理解和传达品牌价值，从而在多个层面上实现品牌的成功。通过专注于"为什么"，企业不仅能够吸引和保留客户，还能够激励员工、指导战略，并在市场中建立持久的竞争优势。

总的来说，黄金环模型强调从内而外的品牌构建方式，即首先明确品牌的核心信念和目的（Why"为什么"），然后是实现这些目标的方法和过程（How"如何"），最后是产品或服务本身（What"什么"）。

这个模型的关键在于，成功的品牌和组织往往是那些能够清楚传达其存在的深层次原因的品牌。当一个品牌能够传达出强烈的"Why",它就更有可能与消费者产生共鸣,建立忠诚度,并在市场上脱颖而出。相反,那些只关注"What"和"How"的品牌往往难以与消费者建立深厚的情感联系和长期的忠诚度。在实际应用中,黄金环模型可以帮助企业重新审视和调整其品牌策略,确保它们从根本上与客户的价值观和期望相一致。这种以"为什么"为起点的思维方式,不仅有助于品牌建设,也是激发创新和灵感的强大工具。

促销规划

让我们先来回顾一下促销的定义:"促销就是营销者向消费者传递有关本企业及产品的各种信息,说服或吸引消费者购买其产品,以达到扩大销售量的目的的一种活动。促销实质上是一种沟通活动,即营销者(信息提供者或发送者)发出作为刺激消费的各种信息,把信息传递到一个或更多的目标对象(即信息接收者,如听众、观众、读者、消费者或用户等),以影响其态度和行为。常用的促销手段有广告、人员推销、网络营销、营业推广和公共关系。"

总而言之,促销最核心的三个关键点就是:

- 沟通内容
- 吸引关注
- 达成销售

这也是笔者一直强调用促销的概念而不是营销的概念来进行品牌化运作及促销规划的原因所在。

现阶段,国内绝大多数 B2B 企业缺乏长期的促销规划,更多地依赖短期的市场反馈和即时的销售增长,而不是基于长期的品牌发展规划来设计促销活动，并且在促销规划时过份依赖传统的营销手段，比如价格促销、行业展会等。B2B企业要改善这种状况，需要注意以下几点：

第一，提高自身对品牌化运作及促销规划的认知。

清晰地意识到品牌化运作与促销活动之间是相辅相成的关系，它们需要相互配合才能更好地推动企业长期发展。

（1）品牌化通过建立品牌识别、品牌价值和品牌忠诚度，为促销规划提供决策依据及基础，而一个强势品牌则可以让促销活动更容易吸引客户关注。

（2）通过精心设计的促销活动，企业可以进一步强化其品牌形象。例如，通过一些特别的关爱活动，企业可以展示其对客户的关怀和价值承诺，从而加深客户者对品牌的印象。

（3）促销活动应与品牌的定位和价值主张应保持一致，不能损害品牌形象，比如频繁的大幅降价会削弱品牌的高端形象，对品牌化产生负面影响，那么这种行为就应该被禁止。

（4）品牌化支持长期促销策略。品牌化有助于企业在市场建立长期竞争力。一个强大的品牌可以支持企业在促销活动中采取更多样化的策略，如通过品牌忠诚度计划、会员制度等长期促销手段来维护和扩大客户基础。

（5）促销活动反馈品牌化效果。促销活动的效果可以作为品牌化策略成功与否的反馈依据，比如一个促销活动如果能够成功吸引新客户并保持现有客户的忠诚度，这表明品牌化策略是有效的。

总之，B2B企业在策划促销活动时，应确保这些活动不仅能够实现短期的销售目标，同时也能够支持和建立品牌的长期价值，千万不要为了短期利益损害品牌形象。

第二，放大品牌差异化定位，促进销售，强化记忆。

现阶段大部分B2B企业存在的最大问题就是想与所有人做生意。之前笔者有位做服装的客户，我问他工厂主要做什么？他给我的回答是我们什么都做，瞬间就不想和他合作，因为我不知道他到底擅长什么，反而觉得他不专业。

所以，B2B企业在做促销规划时要先定位自身企业与品牌，明确企业目标受众/核心客户是谁。了解他们的需求和痛点以及可能需要使用的知识点和方法工具，以便为他们提供有价值的产品与服务。

第一步，市场研究与分析。通过市场调研和历史数据分析，识别目标客户群体，了解他们的行业背景、业务规模、采购习惯和决策流程。

第二步，创建客户画像。基于第一步的研究结果，创建详细的客户画像，包括客户的需求、痛点、购买动机以及他们通常如何评估供应商。

第三步，提出价值主张。基于客户画像，明确企业产品或服务的价值主张，即产品如何解决客户问题，提供什么类型的独特的价值。

第四步，规划促销策略。基于客户画像及价值主张，设计有针对性的促销活动，如定制解决方案、专属服务包等，以吸引目标客户提升品牌形象并促进销售。

第五步，收集客户反馈。在促销活动实施后，收集客户反馈，了解促销活动的效果，以及客户的满意度和未满足的需求。

第六步，数据分析与优化。通过对收集的数据进行分析，评估促销活动的效果，如转化率、客户参与度等，并根据分析结果调整促销策略。通过以上步骤，确保促销活动与企业的品牌定位和目标市场相匹配，并且在不断演练中提升促销活动规划能力，从而实现销售增长和品牌价值的提升。

第三，突破常规。

借鉴B2C企业的做法，采用大众品牌促销策略及手法。大多数B2B企业在进行促销规划时，通常会认为自己面临着与B2C企业完全不同的挑战，觉得自己的目标受众是其他企业或组织，而非个体消费者。

实际上，B2B企业虽然面向的是企业客户，但随着移动互联网时代的快速发展，B2B企业完全可以借鉴面向大众的促销策略及手法，以提高品牌知名度和市场影响力。其实，很早之前莱卡品牌就已实施，且做得有声有色，让莱卡品牌一跃成为类似英特尔的具有超级影响力的品牌。

作为原料供应商，莱卡是典型的 B2B 企业，按常理没有必要对产业链的末端消费者进行品牌信息传递，但莱卡却一直持续通过大众化促销策略及手法，不断打造莱卡独有的品牌形象。先是在 2001 年和上海文广新闻传媒集团，联合开创了一档全新节目"莱卡风尚颁奖大典"，其后更是在 2005 年"选秀造星"节目空前火爆的背景下，赞助"我型我秀"，成为唯一一个赞助大众娱乐节目的 B2B 企业，当时也算开创了 B2B 品牌大众化促销的先河，带给莱卡品牌的则是：

（1）品牌曝光和市场教育的机会。通过赞助大众化活动，莱卡提高了品牌在公众中的知名度，尤其是在潜在的 B2B 客户和消费者中的曝光度。这种曝光有助于教育市场，让更多人了解莱卡面料的特性和优势。

（2）目标客户群体的关注。一个活动同时辐射消费者端和客户端，吸引消费者穿含有莱卡原料的服装展现时尚品味和个性的同时让更多服装品牌贴上"我有莱卡"的标志展示服装质量和品牌个性，最终通过影响消费者端来间接影响 B2B 客户的购买决策。

（3）行业趋势的把握。时尚和娱乐行业是莱卡面料的重要应用领域。通过赞助相关活动，莱卡可以更好地了解行业动态、把握未来趋势，从而调整其产品开发和市场策略。

（4）创新和设计能力的展示。赞助选秀活动为莱卡提供了展示其面料在创新设计中的应用机会，从而可以展示莱卡面料的多功能性和适应性，以及其在推动时尚界创新中的作用。

（5）社会责任和品牌形象。赞助这样的活动，莱卡可以展示其对社会责任的承担，以及对艺术文化活动的支持，这有助于塑造积极的企业形象，增强品牌的情感价值。

（6）潜在的商业合作。赞助活动可能会带来与活动组织者、参与者或其他相关企业的商业合作机会。这些合作可能包括产品开发、市场推广或其他形式的战略联盟。当年笔者还在美特斯邦威集团任品牌负责人，就是因为"我型我秀"选择跟莱卡合作，除了衣服挂莱卡吊牌，还作为海报款拍摄，且在海报中出现"本产品含有莱卡"字样，作为回报，莱卡给到品牌返点，最高可达20%。

（7）消费者反馈和市场研究。通过观察和参与这样的活动，莱卡可以收集消费者对其产品的反馈，进行市场研究，以更好地了解消费者需求和偏好。总的来说，莱卡通过赞助"我型我秀"这样的大众化选秀活动，不仅提升了品牌知名度和市场影响力，还促进了与目标客户群体的互动，展示了其在产品上的创新应用，以及通过支持艺术文化活动获得社会认同，在多个层面上实现了品牌价值的提升。莱卡的这种直面消费者建立品牌，通过在消费者心目中建立的品牌形象，用拉动引导推动，进而推动供应商、制造商需求，并积极寻求各种营销传播的手段，值得所有的B2B企业思考和借鉴。

第四，做好内容营销。

一提到品牌化运作和促销规划，绝大多数B2B品牌就会想到广告投放，就会想到需要花费很多钱，但其实广告投放只是促销方法之一，并且随着数字化营销时代社交媒体的盛行，内容营销已经成为企业一种基础性的也是转化相对较高的营销方式。

B2B企业的内容营销可以分为两块，一块是针对2B客户，主要采用背书类促销形式：

（1）代言。代言并不意味着就是请明星，其实B2B企业可以邀请行业专家来做代言，这种代言相对费用较低，但效果却很不错。笔者身边就有B2B企业请了行业专家来做顾问兼代言，以增加品牌的可信度与专业性，结果仅专家最后介绍来的生意收入就超过了代言费用。

（2）活动赞助。通过对与行业高关联度的活动进行赞助，扩大品牌影响力，比如缝纫机公司对服装协会举办活动的赞助，这样可以快速达成交易。

（3）专业奖项获取与官方认证。其实现在很多B2B公司都有在做，但往往宣传力度不够，可以通过内容营销的方式在社交媒体上加大推广力度。

（4）行业论坛展会/出版书籍。既能够有效传递企业的价值主张，又能提高公司的业绩，但是出版书籍和行业论坛展会有个前提是企业需要具备一定的文化底蕴，并且至少在某一方面具有领先地位。

（5）借力合作伙伴，联手打造品牌。在笔者接触的B2B企业中，最难的不是如何策划和寻找愿意合作的企业联合推广，而是很多B2B企业从一开始就没有意识或者觉得自己无法做到联合营销，但其实只要B2B企业有信念，是可以找到合作的品牌来共同推广自身，比如在每一年的面料展上，兰精公司会和自己的合作纺织企业一起共同参展，合作的纺织企业让兰精的品牌战略传达更为有力，而兰精给予合作的纺织企业的则是一定的展会资金补偿等。

B2B企业内容营销另外一块是针对2C用户，内容营销更偏向于提供情绪价值，比如KOL/KOC、公益活动等，由于前面涉及的章节更多关注的2C用户，这里毋庸赘述。总而言之，内容营销对于B2B企业来说，是一种成本效益较高且能够提供长期价值的营销策略，B2B企业通过内容营销与C端消费建立联系，同时间接影响B端客户，实现品牌在两个层面上的联动。

第五，专业团队打造。

笔者前面讲的都是方法和工具，但是B2B企业要想做好品牌化运作及促销规划，最重要的还是团队打造，因为所有工作的开展都离不开"人"这一要素。针对团队打造，B2B企业可以围绕内部培训提升意识、品牌专业团队打造和借助外力提高素养三个核心方面来构建：

（1）团队意识突破，认识到品牌化运作的重要性，并且愿意支持长期的品牌化运作。定期为全体员工开展培训，确保每个人都能够理解品牌化运作及促销规划的重要性以及强调他们在维护和推广品牌中所起的作用。培训的内容可以涉及品牌愿景和价值观（传授企业的品牌故事、使命、愿景和核心价值观，使员工能够在日常工作中体现这些价值）、客户服务培训（强调提供优质客户服务的重要性，因为客户体验是品牌声誉的关键组成部分）、沟通技巧（培训员工在与客户沟通时如何有效地传达品牌信息，包括口头和书面沟通）、案例研究（通过分析成功和失败的品牌案例，让员工了解品牌策略的实际应用和潜在风险）等。

（2）成立专门的品牌部门。聘请内容营销及数字化营销的专业人才，由CEO或核心副总裁亲自挂帅。现阶段大部分B2B企业的问题，销售人员很多，却没有品牌人员，并且由于企业前期是靠销售人员拼"关系"做生意，往往比较强势，在这种情况下，必须由CEO或者核心副总裁通过强有力的权力介入推动改革创新。

（3）聘请专业的品牌顾问。为企业的品牌定位、品牌故事和促销规划提供专业建议，帮助完成品牌定位、视觉、商业模型讨论等工作。通过这三个方面的结合，B2B企业可以构建一个相对专业的品牌化运作团队，这样不仅能够帮助内部提升品牌意识和执行力，还能够借助外部专家的专业知识和经验，共同推动品牌战略的实施和发展。

回到当下现实的商业环境，B2B企业的品牌化运作及促销规划依然任重道远，从业人员的专业素养、行业的整体认知、竞争环境的激烈与内卷，都阻碍了B2B企业的品牌化发展之路，但是如果企业领导人有品牌化运作的决心与意识，把品牌化运作当作自己商业模型中的一部分、企业战略中的一部分（就是把品牌化作为战略，在意识上认同，在组织上扩大，在资源上投入，在预算上支持），从当下启动自身企业的品牌化之路：

（1）学会使用品牌黄金环模型，通过对品牌愿景、使命和品牌故事的构建，明确品牌在市场中的位置（包括品牌的核心价值、目标受众和差异化优势），用相对有区分的定位来和竞争对手拉开差距，而不是单纯靠技术与价格的切入。

（2）在明确的品牌定位之下，设计、创建对客户更具亲和力的品牌形象，并建立系统的品牌识别体系要素：一套ⅤⅠ、一句广告语、一套品牌介绍PPT、一段品牌介绍视频。

（3）针对2B、2C端同步进行品牌形象的内容塑造及宣传并建立沟通机制，通过 2C 用户对品牌的形象感知影响 2B 端客户的采购决策。

（4）合作伙伴联合推广机制，通过建立与主要合作伙伴的品牌合作推广机制，实现强强联动、品牌共赢。然后在此基础上，一步一个脚印，稳扎稳打，坚持不懈，这必将为企业带来巨大的改变。

总而言之，在当前行业竞争加剧和产品同质化趋势下，单纯的产品价格优势正在逐步减弱，在 B2B 企业面临着转型升级的迫切需求背景下，品牌化运作和促销规划已然会成为企业寻求新增长动力的关键。通过强化品牌建设和有效的促销活动规划，企业不仅能够明确传达其市场定位，展现产品或服务的独特价值和竞争优势，吸引潜在客户，拓展市场边界，实现业务的多元化和全球化发展。同时还能提升企业的整体价值，增强投资者和合作伙伴的信心，建立和维护与客户的长期关系，提高客户满意度和忠诚度，为企业带来稳定的业务流和收入保障，确保企业长期有序发展。因此，那些能够充分理解和利用品牌化运作及促销规划的企业，将有望在激烈的市场竞争中实现显著增长，并提升其竞争力。笔者坚信，随着中国 B2B 企业品牌化运作及促销规划意识的不断增强，未来将会有更多中国 B2B 企业在国内国际市场崭露头角，展现自身的创新能力和国际竞争力。

后记
POSTSCRIPT

在撰写这本书的过程中,我要特别感谢我的太太,她的不断鞭策是我前进的动力。同时,我也要向我的同事崔兰女士表达深深的谢意,她的大力支持对我至关重要。这本书不仅是一次自我专业的回顾之旅,更是我职业生涯的缩影,从营销策划的学习者到实践者,再到几家公司的CEO,以及近年来的品牌咨询顾问,每一步都历历在目。

在我的专业成长道路上,我最为感激的是我的第一任老板周成建先生。他给予我绝对的信任和广阔的舞台,让我得以施展才华,并从中学到了许多宝贵的经验。我始终认为,营销的专业技能既需要学习,也需要实践的磨砺。正如射击教练所说,神枪手是通过打掉一万发子弹练就的。我的专业能力,离不开周成建先生提供的机会和信任。在第一份工作中,我有幸参与了许多值得称道的案例,这些经历对我的职业生涯产生了深远的影响。

我还要感谢与好友宋平先生、尹剑侠先生、周娟女士合伙创办公司并担任CEO的经历,这让我深刻体会到个人专业能力与团队赋能之间的差异。我还意识到,许多团队在营销专业能力上存在不足,亟需培训和提升。

感谢好友徐卫东将我带进咨询顾问行业,近三年的品牌咨询顾问工作,彻底打开了我对品牌塑造与促销管理在不同行业的认知与理解,尤其是在不同企业的实践应用,这激发了我撰写这本书的决心。

最后，我要向本书中引用的所有参考文献的作者表达我由衷的感谢。他们的信息内容不仅极大地拓宽了我的知识边界，更为我的创作提供了坚实的理论支撑和实践指引。每一位作者的智慧结晶和独特观点，都在我的写作过程中起到了不可或缺的作用。无论是他们深入的理论剖析，还是严谨的实证分析，都极大地启发了我的思考，帮助我更全面、更深入地理解所研究的主题，同时也激发了我无尽的思考和创作灵感。他们的贡献让我受益匪浅，对此我充满敬意和感激。

如果您阅读完此书，对您在品牌塑造与促销上的理解有一定的触动，那将是我莫大的荣幸。

周龙

2024 年 5 月

参考文献

[1] 佩罗特 / 麦卡锡 . 营销学基础 [M]. 梅清豪 . 北京：中国财政经济出版社，2004.

[2] 丹尼斯·舍伍德 . 系统思考 [M]. 邱昭良，刘昕 . 北京：机械工业出版社，2007.

[3] 德内拉·梅多斯 . 系统之美 [M]. 邱昭良 . 浙江：人民出版社，2012.

[4] 罗迪·穆林 . 促销 [M]. 唐晓菲，李亚星 . 北京：联合出版公司，2022.

[5] 百度百科 . 促销定义 [OL].https://baike.baidu.com, 2022.

[6] 新华网 . 阿迪达斯也要"凉"？净利暴跌 96%，超 7 成门店关闭，疯狂打折 [OL]. https://baijiahao.baidu.com/s?id=1665284501363951706&wfr=spider&for=pc, 2020.

[7] 春山财经 . 8 连跌？5 折也不香，阿迪达斯终于撑不住了：我们在中国犯了错 [OL]. https://baijiahao.baidu.com/s?id=1778181050663393744&wfr=spider&for=pc, 2023.

[8] 陶凤 . 北京商报 . 经常 2 折 3 折的阿迪达斯，中心店关停，还想在中国市场"强势回归"[OL].https://www.163.com/dy/article/IKRV1AFE0519DFF0.html, 2023.

[9]36 氪 . 李宁失速，都是"打折"闹的？[OL].https://36kr.com/p/2502022415001472, 2023.

[10] 湾财社 . 李宁上半年增收不增利，的折扣难救销量，欲重回专业运动赛道 [OL]. https://static.nfapp.southcn.com/content/202308/14/c7993322.html, 2023.

[11] 澎湃新闻 . 李宁的"中年危机"：市值蒸发 2100 亿，一边涨价一边打折 [OL]. https://www.thepaper.cn/newsDetail_forward_25115787, 2023.

[12] 吴倩男 . 虎嗅深案例，"网红"完美日记，三年成国产彩妆第一，然后呢？[OL]. https://pro.huxiu.com/article/359550.html, 2020.

[13] 澎客鹿财经 . 澎湃，市值蒸发近千亿，完美日记"不完美"了？[OL].https://m.thepaper.cn/baijiahao_17179272, 2022.

[14] 刘润 . 每个人都一定要有财务思维：拥有财务思维，才能看懂行业秘密 [OL]. https://baijiahao.baidu.com/s?id=1715211873037285138&wfr=spider&for=pc, 2021.

[15] 哈佛商业评论官方. 来自菲利普·科特勒的10大提醒：新营销该怎么做？[OL]. https://baijiahao.baidu.com/s?id=1769647118697867251&wfr=spider&for=pc, 2023.

[16] 漫谈财管. 从财务分析出发思考日常生活中的现象：特价[OL]. https://baijiahao.baidu.com/s?id=1733214687332219009&wfr=spider&for=pc, 2022.

[17] 上观. 向河南捐5000万物资，这家公司连微博会员都舍不得充，网友直接送120年！直播间被挤爆，销量狂增52倍[OL]. https://export.shobserver.com/baijiahao/html/388910.html, 2021.

[18] 墨离杂物馆. 人与人之间的差异，在于认知系统的不同[OL]. https://baijiahao.baidu.com/s?id=1690758578772132029&wfr=spider&for=pc, 2021.

[19] 知乎. 损失厌恶[OL]. https://www.zhihu.com/topic/23761568/hot?utm_id=0, 2022.

[20] 百度文库. 鸟笼效应[OL]. https://wenku.baidu.com, 2023.

[21] 百度文库. 5W2H分析法[OL]. https://wenku.baidu.com, 2023.

[22] ELLE.AKCLUB首家概念店竟用战机把守这个男装品牌是有多霸道？[OL]. https://baijiahao.baidu.com/s?id=1573771167189894&wfr=spider&for=pc, 2017.

[23] 上海久光百货. UOOYAA乌丫|富人"装穷"系列[OL]. https://www.sohu.com/a/355556080_671237, 2019.

[24] 搜狐商讯. 缔结古今美学奇缘|林栖马面裙联手LOOKNOW述说千年华服荣光[OL]. https://www.sohu.com/a/730587194_120181749, 2023.

[25] 纵览, 上观新闻. 凭烧烤火出圈！"上次淄博这么热闹，还是在齐国"[OL]. https://web.shobserver.com/wx/detail.do?id=601330, 2023.

[26] 360度百科. USP理论[OL]. https://upimg.baike.so.com/doc/2778279-32309059.html, 2023.

[27] 百度文库. 注意力经济[OL]. https://wenku.baidu.com, 2023.

[28] FashionDiary时尚志. 金牌猪肉花落谁家？时髦的美少女壮士，过年回家复古时尚怎么穿[OL]. https://baijiahao.baidu.com/s?id=1655154858632199365&wfr=spider&for=pc, 2020.

[29] 今日广告ADTODAY. 美特斯邦威《奇葩说》现象级内容营销案例[OL]. https://agency.adtchina.cn/jrggArticles/273.html, 2014.

[30] 人人都是产品经理, 腾讯新闻. 火爆全网的瑞幸&茅台的联名营销——背后洞察[OL]. https://view.inews.qq.com/k/20230910A05U0100?no-redirect=1&web_

channel=wap&openApp=false, 2023.

[31]婷婷.让怀旧情结变成商业价值：美特斯邦威《变形金钢Ⅱ》植入式整合传播全程揭秘[J].中国广告,2009/9.

[32]巨量引擎.启航中国–国货品牌力发展报告[R].2020.

[33]百度营销中心.2020百度新国货机会洞察[R].2020.

[34]CBNData.2020新国货之城报告[R].2020.

[35]第三届中国国际进口博览会日化消费品专业委员会,2020中国美好消费趋势报告[R].2020.

[36]百度文库.场景创新[OL].https://wenku.baidu.com,2021.

[37]百度文库.极致体验[OL].https://wenku.baidu.com,2021.

[38]百度文库.内容社交[OL].https://wenku.baidu.com,2021.

[39]百度文库.潮流文化[OL].https://wenku.baidu.com,2021.

[40]百度文库.极限文化[OL].https://wenku.baidu.com,2021.

[41]AdMaster.Z世代社交报告[R].2019.

[42]Mob研究院.2020盲盒经济洞察报告[R].2020.

[43]恒报.「种草心理学」你朋友圈的草,长的有多高？[OL].https://baijiahao.baidu.com/s?id=1600062957433896493&wfr=spider&for=pc,2018.

[44]塔尔德.模仿律[M].何道宽.北京：中国人民大学出版社,2008.

[45]无边落木小和尚.【案例+解读】时尚品牌的数字化增长[OL].https://www.sohu.com/a/540318709_121124406,2022.

[46]媒介三六零.GUCCI元宇宙布局：数字时尚、虚拟创意、AR游戏、NFT…[OL].https://www.mad-men.com/articldetails/27987,2023.

[47]四艺建筑设计官网.从线下走向线上,空间的数字化转型面临怎样的难题[OL].http://www.4haus.cn/index.php/research_det/45,2020.

[48]NFT研究员.耐克与Roblox合作创建元宇宙Nikeland,你可以在里面做什么？[OL].https://www.sohu.com/a/502983986_121164833,2021.

[49]新浪时尚.花高价买NFT产品到底是潮流还是被割韭菜？[OL].https://fashion.sina.com.cn/style/man/2022-05-21/1841/doc-imcwipii9964080.shtml,2022.

[50]环球商业财经.一文带你快速全面了解"元宇宙"[OL].https://baijiahao.baidu.com/s?id=1746269365266046663&wfr=spider&for=pc,2022.

[51] 新浪财经. 一文读懂 NFT[OL].https://baijiahao.baidu.com/s?id=1765129409659880257&wfr=spider&for=pc, 2023.

[52] 爱奇艺. 2019 虚拟偶像观察报告 [R].2019.

[53] 百度文库. AIGC[OL].https://wenku.baidu.com, 2023.

[54] 阿驰聊游戏, 企鹅号. 从消费 1.0 到 4.0, 中国的消费形式经过了哪些变化![OL]. https://cloud.tencent.com/developer/news/525385, 2019.

[55] 百度文库.SWOT 分析 [OL].https://wenku.baidu.com, 2023.

[56] 百度文库. 电商发展阶段 [OL].https://wenku.baidu.com, 2023.

[57] 知乎沧海. 抖音云图「人群篇」:拆解抖音 5A 人群资产和八大人群增长策略 [OL]. https://zhuanlan.zhihu.com/p/607190319, 2023.

[58]IBrandi 品创. 巨量引擎、高梵、白象:在抖音做好品牌建设的"3 大密码"[OL]. https://baijiahao.baidu.com/s?id=1777539005308072170&wfr=spider&for=pc, 2023.

[59] 财联社. 一场爆炸带火一款保温杯中国代工企业接下泼天富贵 [OL].https:// baijiahao.baidu.com/s?id=1788209041826525319&wfr=spider&for=pc, 2024.

[60] 腾讯营销洞察 XBCG. 中国私域营销白皮书 [R].2021.

[61] 腾讯零售智慧. 全域用户经营白皮书 [R].2023.

[62] 艾瑞咨询. 中国私域流量营销洞察研究报告 [R].2021.

[63] 艾瑞咨询 X 小鹅通. 中国私域运营洞察白皮书 [R].2023.

[64] 知乎崔玲美. 一文讲透用户消费行为模型(AIDMA、AISAS、SIPS、SICAS、ISMAS)[OL]. https://zhuanlan.zhihu.com/p/146319118, 2020.

[65] 思铺学院. 顶级认知人生的 40 大模型 | 第 9 期:黄金圈法则 [OL].https://www. sohu.com/a/586603379_800763, 2022.

[66] 百度文库. 品牌黄金环模型 [OL].https://wenku.baidu.com, 2023.

[67] 程士安. 第一财经日报, 新浪财经. 整合供应链莱卡时尚路线强度拉伸品牌 [OL]. https://finance.sina.com.cn/leadership/stragymanage/20050808/02461869118.shtml, 2023.